서울대 교수와 함께하는
10대를 위한 교양수업

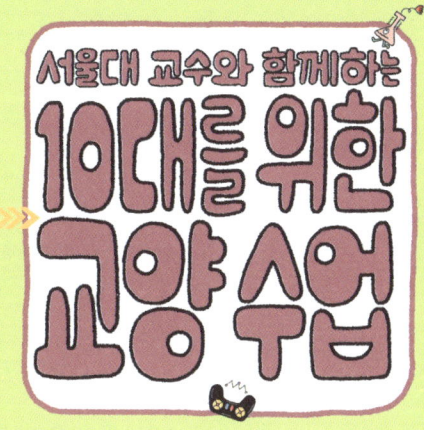

7 홍성욱 교수님이 들려주는 과학기술학 이야기

글 홍성욱, 박여운 | 그림 신병근

기획의 글

단 한 번의 특별한 지식 여행

'서울대 교수와 함께하는 10대를 위한 교양 수업'은 배움의 뜻을 품고 자신의 길을 찾아 떠나는 10대를 위한 지식 교양 도서입니다.

꿈을 찾고, 꿈을 키우고, 꿈을 이루는 것은 저절로 되지 않습니다. 내가 무엇을 좋아하는지, 내가 어떨 때 행복한지, 내가 무엇을 하고 싶은지 깊이 생각하고 깨닫는 경험이 필요합니다. '서울대 교수와 함께하는 10대를 위한 교양 수업'은 그 깨달음의 기회를 전하고자 기획되었습니다.

이 시대 최고의 멘토가 함께합니다.

'서울대 교수와 함께하는 10대를 위한 교양 수업'은 단순한 지식 교양 도서가 아닙니다. 자신의 관심과 재능을 되돌아보고 보다 구체적인 꿈을 그리도록 안내합니다. 더 넓은 세상, 더 큰 배움의 세계로 나아가기 위해 꼭 필요한 지식과 가르침을 전할 최고의 멘토, 서울대 교수님들이 함께합니다.

지식이 꿈으로 이어집니다.

 알면 보인다는 말처럼 새롭게 알게 된 것에서 꿈을 찾을 수 있습니다. 어떤 친구는 평소에 관심 있던 분야에서, 또 어떤 친구는 전혀 관심 없던 분야에서 자신의 꿈을 마주할 것입니다. 지금 관심이 집중되는 몇몇 분야의 지식만이 아니라, 인류가 오랜 세월 축적해 온 문화와 역사에 대한 방대한 지식들은 여전히 배우고 연구할 가치가 있습니다. '서울대 교수와 함께하는 10대를 위한 교양 수업'은 폭넓은 시선으로 살아 있는 지식을 전합니다.

 배움은 그 자체로 즐거운 일입니다. 일찌감치 꿈을 정하고 키워 가는 친구, 이제 막 꿈을 꾸기 시작한 친구 그리고 아직 어떤 꿈도 정하지 못한 친구도 괜찮습니다. '서울대 교수와 함께하는 10대를 위한 교양 수업'이 안내할 지식 여행을 통해 여러분의 꿈에 조금씩 다가가길 바랍니다.

이 책을 읽는 10대에게

안녕하세요! 저는 서울대학교 자연과학대학 과학학과에서 과학기술학(Science and Technology Studies, STS)을 강의하고 연구하는 홍성욱입니다. 과학학과, 과학기술학 모두 좀 낯선 이름이죠? 현대 사회에서 점점 더 중요해지는 과학 기술을 역사적이고 철학적인 측면에서 이해하기 위한 학문이 바로 과학기술학입니다.

지금 우리의 삶은 과학 기술을 빼고는 하루도 지탱하기 힘들고, 이런 과학 기술에 대한 다각적 이해는 21세기를 사는 주체적인 시민을 위해서 꼭 필요하다고 생각합니다. 이 책은 바로 현대 사회에서 우리의 삶에 점점 더 큰 영향을 미치는 과학 기술과 사회 간의 상호 작용을 더 깊게 탐구하고자 하는 여러분을 위한 것입니다. 인간을 닮은 인공 지능이 급속하게 발전하는 한편 온실가스가 기후 위기를 가속하는 지금은, 과학 기술이 우리의 일상에서 어떻게 작용하는지, 어떻게 사회와 뒤얽혀 있으며 이로 인해 우리 삶이 어떻게 변화되는지 알아야 하는 중요한 시기입니다. 이 책은 여러분이 이러한 변화에 대해 깊이 이해하고, 미래를 대비하는 데 도움을 주기 위해 과학기술학의 기초를 제공합니다.

이렇게 얘기하니 과학기술학이 아주 딱딱하고 어려운 학문 같지만, 이 책에서는 주로 영화, 소설 같은 대중문화를 인용해서 그곳에 투영된 과학 기술의 모습과 그 의미를 탐구해 볼 것입니다. 이를 통해 여러분이 과학 기술과 사회의 복잡한 상호 작용을 쉽게 이해할 수 있도록 돕고 또 이런 주제를 자신의 관심사와 어떻게 연결할 수 있는지에 대한 통찰력을 제공하려고 합니다. 이렇게 과학기술학의 세상은 여러분의 호기심을 자극하고 창의성을 키우는 데도 기여할 것입니다.

　이 책을 통해 여러분은 단순히 관찰자가 아닌 참여자로서 과학 기술과 사회의 상호 작용에 대해 생각하게 될 것입니다. 또한 과학 기술에 대한 새로운 시각을 얻을 뿐만 아니라, 미래의 도전에 대한 자신만의 해결책을 찾게 되기를 기대합니다. 그리고 무엇보다 이 책이 과학 기술의 새롭고도 인간적인 측면을 느낄 수 있는 즐거운 여행의 길잡이가 되길 바랍니다.

홍성욱(서울대학교 자연과학대학 과학학과 교수)

차례

기획의 글 ····· 4

이 책을 읽는 10대에게 ····· 6

1장 과학기술학이 뭐죠? ····· 14

- 과학 기술이 주는 놀라움
- 사이언스에 크로스가 필요한 까닭
- 과학기술학(STS)을 배우는 시간
- Q&A

2장 미친 과학자, 빅터 프랑켄슈타인 이야기 ····· 40

- 최초의 '공상' 과학 소설
- 우스꽝스러운 과학자들의 세상
- 인간이 과학 기술을 통제할 수 없다면?
- 흰 가운을 입은 미친 과학자
- Q&A

3장 과학 기술이 발전하면 사회도 같이 발전할까? ····· 66

- 인공 달걀 부화기가 첨단 과학 기술?
- 100년 후의 유토피아
- 과학이 지배하는 미래 세계
- 누군가 나를 감시한다
- Q&A

4장 과학자에게는 상상력이 필요해 ····· 92

- 상상력의 끝판왕 피카소
- 갈릴레이는 '상상'을 했다
- 가장 천재적인 과학자 뉴턴
- 예술적 상상력+과학 기술=백남준
- Q&A

5장 인간과 과학의 크로스 ····· 120

- 로봇은 인간의 친구
- 인간을 공격하는 로봇
- 기계가 '생각'을 하기 시작했다
- 로봇 3원칙
- Q&A

6장 과학 기술과 인간의 미래 ····· 146

- 최초의 사이보그 인간
- 유전자를 가위로 자른다고?
- 과학기술학은 과학과 인간 사이에 놓인 징검다리
- Q&A

홍성욱 교수님

물리학과 과학사를 전공했지만 물리학 못지않게 영화와 음악, 문학에도 조예가 깊은, 예술을 사랑하는 과학기술학자. 학생들에게 과학과 인문학, 예술이 서로 동떨어진 학문이 아니라는 걸 알려 주고 싶다.

리아

언젠가 뉴턴처럼 인류의 역사에 길이 남을 과학 법칙을 발견하고 싶다는 꿈이 있다. 평소 상상력이 부족하다는 말을 많이 듣는다.

연우

피카소 같은 위대한 화가가 되는 게 꿈이다. 그러니 그림만 잘 그리면 될 텐데, 왜 학교에서 과학과 수학까지 공부해야 하는지 이해할 수가 없다.

1장 과학기술학이 뭐죠?

○ 과학 기술이 주는 놀라움
○ 사이언스에 크로스가 필요한 까닭
○ 과학기술학(STS)을 배우는 시간

과학 기술이 주는 놀라움

교수님, 안녕하세요?
정말 만나 뵙고 싶었어요.

교수님 수업에서는
과학과 인문학을
다 배운다면서요?
정말 기대돼요.

안녕?
과학과 인문학이 어떻게
연결되는지 알고 싶은 학생이라면
누구나 환영이란다.

1738년 보캉송이라는 프랑스 엔지니어가 신제품을 발표하는 날, 그가 만든 똥 싸는 오리 인형을 보기 위해 사람들이 구름같이 몰려들었어.

기대에 부푼 사람들 앞에 모습을 드러낸 오리 인형은 과연 감탄할 만했어. 꽥꽥 소리를 내고, 날개를 퍼덕이고, 물속에서 자맥질을 하기도 했거든. 보캉송은 오리의 날개 한 쪽을 만드는 데 들어간 부품만 600여 개이고, 내부에는 수천 개의 태엽, 추, 나사, 볼트, 금속판, 금속실 등이 들어 있다고 설명했어.

"자, 이제 오리에게 먹이를 주겠습니다."

보캉숑의 말에 사람들이 숨을 죽였어. 물에 적신 빵 조각을 부리에다 대니 오리가 꿀꺽 삼켰지. 그리고 몇 분이 흐른 뒤, '와아!' 하는 함성 소리가 터져 나왔어. 오리가 푸르죽죽한 똥을 '똑' 떨어뜨렸기 때문이야. '인형이 정말로 똥을 싼다고?'라고 의심했던 사람들은 놀라서 입을 다물지 못했어.

똥 싸는 오리 인형의 소문은 금세 프랑스를 넘어 유럽 여러 나라로 퍼졌고 왕의 신임을 얻은 보캉송은 리옹에 있는 프랑스 국영 비단 공장의 감독관으로 파견되었단다.

오랜 세월 동안 비단을 만들어 온 자존심 강한 리옹 장인들은 보캉송이 감독관으로 오자 매우 기분이 나빴어. 비단을 한 번도 짜 보지 않은 사람이 자기들을 감독한다는 걸 받아들이기 힘들었지.

하지만 보캉송은 이에 아랑곳하지 않고 기계로 비단을 짤 수는 없을까 고민하기 시작했어. 보캉송은 비단 작업장을 돌아보면서 오래전부터 사용해 온 방직기를 살펴보고, 사람들이 실로 천을 짜는 모습을 눈여겨보았어. 그리고 얼마 후 실린더를 이용해서 무늬를 넣은 옷감을 짜는 기계를 만들었단다.

보캉송이 비단 짜는 기계를 만들자 비단 조합의 장인들은 화가 나서 도저히 참을 수가 없었어. 이러다가 비단 짜는 일을 기계에게 뺏겨 버리는 건 아닐까 걱정도 되었을 거야. 급기야 조합 사람들이 보캉송 집을 습격하는 일까지 벌어졌단다. 비단 조합의 사람들이 정말 보캉송을 죽이려고 했는지, 나중에 지어낸 이야기인지 확실하지 않아. 하지만 분명한 것은 보캉송이 만든 기계가 사람들에게 놀라움과 함께 두려움을 주었다는 거야.

보캉송은 '똥 싸는 오리'를 왜 만들었냐는 질문에 새를 연구해 보고 싶었기 때문이라고 대답했어. 새를 자세히 살펴보고 연구해서 자동인형을 만든 것은 이해가 가는데, 반대로 자기가 만든

오리 인형을 보면서 새가 어떻게 움직이는지를 연구하겠다니, 그야말로 새롭고도 놀라운 발상 아니니? 보캉송은 어쩌면 실제로 살아 움직이는 오리를 만들고 싶다는 생각을 했을지도 몰라.

보캉송의 오리 인형처럼 기계 장치로 움직이는 인형을 '오토마타'라고 해. 보캉송 이전에도 오토마타는 많이 있었어. 왕실이나 귀족, 돈 많은 사람들이 즐기는 오락거리였지. 하지만 보캉송의 '똥 싸는 오리'처럼 생명체의 구조와 원리를 적용한 오토마타는 처음이었단다.

> 보캉송은 '세상은 기계다.
> 동물도 기계이고 인간의 몸도 기계다.
> 그러므로 인간이 할 수 있는 일은
> 뭐든 기계가 대신 할 수 있다.'고 믿었어.

이런 믿음을 가졌으니까 비단 장인들을 기계로 대신하겠다는 발상을 할 수 있었던 거야. 보캉송이 만든 방직기는 보캉송의 이런 신념과 보캉송이 가진 과학 기술이 만들어 낸 합작품이라고 할 수 있지.

보캉송의 시대에서 200여 년을 뛰어넘어 영화 〈메트로폴리스〉의 시대로 가 볼까? 〈메트로폴리스〉는 1927년에 상영된 역사상 최초의 SF 장편 영화야. 메트로폴리스는 미래 세계 어딘가에 존재하는 상상 속 도시의 이름인데, 지상과 지하의 모습이 아주 다르단다. 지하의 노동자들이 공장에서 로봇이나 기계처럼 일하는 동안, 지상의 사람들은 호화로운 파티를 즐기면서 살아가지.

어느 날 지상 세계에 사는 프레더라는 남자가 지하에서 올라온 마리아를 보고 첫눈에 사랑에 빠졌어. 마리아는 지하 사람들에게 존경받는 인물로, 노동자들이 기계처럼 일만 하면서 사는 것은 옳지 않다고 외치는 노동 운동가였어. 이후에 프레더는 마리아를 찾아 우연히 지하 세계로 내려가게 되는데, 그곳에서 노동자들이 마치 기계의 부속품처럼 일하는 모습을 보고 엄청난 충격에 빠진단다.

프레더의 아버지는 지상 세계의 지배자였어. 그래서 프레더는 아버지에게 지하 사람들에게 휴식과 자유를 주어야 한다고 설득하려 했지. 하지만 프레더의 아버지는 한마디로 거절했어.

오히려 로트방이라는 과학자를 시켜서 마리아와 똑같이 생긴 로봇을 만들었어. 가짜 마리아는 지하 세계 사람들에게 엉터리 말을 전하고, 그 때문에 지하 사람들은 공장을 부수고 폭동을 일으켜. 그러다 엄청난 홍수가 일어나게 되고 지상의 도시까지 큰 피해를 입게 되지. 결국 분노한 사람들은 마리아 로봇을 불태워 없앤단다. 많은 희생을 겪은 후에야 지상 세계의 지배자들과 지하 세계의 노동자들이 손을 맞잡고 화해하면서 메트로폴리스에 평화가 찾아오지.

보캉송의 자동인형에서 〈메트로폴리스〉의 마리아 로봇까지 200년의 시간이 흘렀어. 그 사이에 과학 기술은 눈부시게 발달했고, 과학 기술에 대한 사람들의 생각도 점점 바뀌었지.

예를 들어 보캉송이 만든 또

영화 〈메트로폴리스〉 포스터

다른 오토마타 '플루트 연주자' 인형은 실제 사람처럼 입으로 바람을 불어 넣고 손가락을 움직여 가며 플루트를 연주했어. 당시 관람객들은 혹시나 인형 속에 사람이 들어 있는 건 아닌지 의심할 정도였다고 해. 하지만 플루트 부는 인형은 신기하고 괴상망측하기는 해도 인간을 위협하는 존재는 아니었어. 스스로 움직일 수는 있지만 인간처럼 감정을 느끼지도 못했지.

만약 플루트 연주를 하다가 구경꾼이 '당장 집어치워. 그따위를 연주라고 하는 거야?'라고 소리쳐도 화를 내거나 연주를 멈추지 않는 '인형'이었으니까. 하지만 〈메트로폴리스〉의 로봇 마리아는 인간과 똑같이 생겼을 뿐만 아니라 생각을 하고 감정도 느껴. 그래서 인간들 사이에 갈등을 일으키고 끝내 인간들에게 붙잡혀 중세 시대에 마녀가 처벌받던 모습으로 화형을 당하지.

보캉송의 자동인형은 로봇, 휴머노이드 로봇*, 사이보그* 등으로 진화해 왔어. 인간이 해 왔던 수많은 육체적인 활동은 컴퓨터와 인공 지능이 달린 로봇에 의해 대체되고 있지.

과학 기술이 계속 발전하고 있는 지금, 우리는 어떤 마음가짐

---

* **휴머노이드 로봇**: 인간의 형태를 한 로봇.
* **사이보그**: 기계와 사람의 결합체.

을 가지고 이 시대를 살아가야 할까? 보캉송의 관객처럼 마냥 신기해하면서 박수만 치고 싶은 사람도 있을 거고, 〈메트로폴리스〉의 프레더처럼 잘 모르는 세상에 대해 용감하게 질문하고 부딪쳐 보고 싶은 사람도 있을 거야. '똥 싸는 오리'와 〈메트로폴리스〉의 마리아 인형이 던지는 질문은 여전히 진행 중이라는 사실을 기억하면서, 과학기술학 이야기를 본격적으로 시작해 볼까?

사이언스에 크로스가 필요한 까닭

보캉송의 자동인형과 영화〈메트로폴리스〉는 내가 대학교에서 강의하는 과학기술학 수업에서 즐겨 다루는 주제야. 학기 말에 수업이 끝나면 학생들에게 수업에 대한 소감을 묻곤 하는데, 그 소감을 읽을 때는 재미있기도 하고 떨리기도 해.

과학기술학 수업은 이공 계열과 인문 사회 계열 학생들이 함께 듣는 교양 수업이야. 과학이나 공학을 전공하는 학생들은 과학 기술을 사회 현상이나 문화와 관련지어 생각해 보는 것이 좋았다고 하고, 언어나 문학, 철학, 역사 등을 전공하는 인문 사회 계열 학생들은 그동안 별로 관심이 없었던 과학이 생각보다 더 가깝고 친근하게 느껴지면서 과학 기술이 인간과 사회에 미치는 영향을 알게 되어 흥미로웠다는 반응이 많았어. 처음에는 이 수업이 SF 영화나 소설에서 '과학적'으로 잘못된 것을 찾아내거나 배우는 수업인 걸로 오해했다는 학생들의 소감도 종종 듣는 편이야.

사실 현직 과학자들이나 과학을 전공하는 학생들은 SF 소설이나 영화를 보면서 과학적 오류를 찾아내는 것을 좋아해. 그중에는 작가나 감독이 과학을 얼마나 잘 이해하고 있는지를 작품을 평가하는 잣대로 삼는 사람들도 있지.

하지만 SF 소설이나 영화를 과학적 완결성으로만 평가하려는 태도는 좀 문제가 있어.

예를 들어 소설 『프랑켄슈타인』에서는 프랑켄슈타인 박사가 시체 조각들을 모아서 전기 자극을 일으켜 괴물을 만들어 내거든. 그런데 이런 과정은 과학적으로는 불가능하기 때문에 『프랑켄슈타인』 같은 작품은 과학적으로 생각해 볼 가치가 없다고 한다면 아주 초보적이고 오만한 감상 태도가 아닐 수 없어. SF 소설이나 영화는 과학 기술을 공부하고 예측하는 과학책이 아니라 과학 기술이라는 소재를 이용하여 인간의 이야기를 하기 위한 창작물이란다. 그래서 이 작품은 세상에 대해서 무슨 얘기를 하려고 하는지, 작가가 전하고 싶은 메시지가 무엇인지를 생각해 가면서 보아야 해. 그래야 작품 속에 그려진 과학 기술의 세계를 훨씬 재미있고 유익하게 느낄 수 있거든. 그래서 나는 SF 소설이나 영화를 볼 때는 과학이라는 창문과 인문학이라는 창

문 두 개가 겹쳐진 겹창을 통해서 보라는 말을 자주 해.

그리고 과학기술학이야말로 '겹창'과 같은 역할을 한다고 생각해. 이것은 찰스 스노라는 과학자가 말한 '두 문화'와 같은 표현이야. 찰스 스노의 '두 문화'는 현대 사회의 두 문화인 과학과 인문학을 가리키는 말이야. 1959년 영국의 과학자이자 작가인 찰스 스노가 케임브리지 대학에서 강연했던 〈두 문화와 과학혁명〉에서 처음 등장한 말이지. '과학과 인문학 사이의 의사소통은 단절되었고, 이러한 단절이 20세기 영국을 비롯한 서구 문명이 맞닥뜨린 가장 큰 장애물이다.'라는 것이 강연의 주요 내용이란다.

스노는 케임브리지 대학에서 물리학과 화학을 전공했고, 졸업 후 영문학을 공부하여 소설책을 펴내기도 했어. 어찌 보면 서로 반대되어 보이는 두 분야에서 활약하면서 스노는 자연스럽게 양쪽 분야의 사람들을 많이 만났어. 그러면서 스노가 느낀 것은 과학자들은 인문학에 대해 잘 모르고, 인문학자들 역시 과학에 대해 아무것도 모른다는 거야.

스노가 공부한 케임브리지 대학교는 800년이 넘는 오랜 역사를 자랑하는, 세계적으로 이름난 학교야. 노벨상 수상자만 해도

120명이 넘고, 찰스 다윈, 뉴턴 등 역사책에 이름이 나오는 케임브리지 출신 학자들은 너무 많아서 일일이 말하기가 어려울 정도지.

그런데 스노는 케임브리지 대학이 과학과 인문학 두 분야에서 뛰어난 학자를 배출한 것은 인정하지만, 서로 자신의 학문이 최고라고 으스대는 분위기가 강해서 과학과 인문학 두 분야를 아우르려는 노력은 찾아볼 수 없다고 비판했어.

사실 두 학문의 거리감은 오늘날에도 여전하단다. 과학은 점점 더 세분화되고 전문화되어서 과학자라고 해도 자신의 연구 분야가 아닌 과학에 대해서는 이해하기 힘들어졌고, 같은 이유로 인문학자나 예술가들이 과학에 접근하기는 더 어려워졌어. 그러다 보니 과학자는 인문학에 대해서, 인문학자는 과학에 대해서 점점 더 할 얘기가 없어졌지.

과거에는 과학은 자연의 사실을 다루고, 인문학은 인간의 가치를 다룬다고 말해 왔어. 하지만 지금도 그럴까?

오늘날 우리가 사는 세상은 과학과 문화가 아주 긴밀하게 결합되어 있어.

조금만 주의를 기울인다면 과학이 사실만 다루는 것이 아니고, 인문학이 가치만 다루는 것이 아니라는 것을 알 수 있을 거야. 사실과 가치는 일상의 삶과 문화 속에 이미 잡탕처럼 섞여 있으니까 말이야. 그러니 과학과 인문학, 사실과 가치를 분리해서 생각하거나 함부로 판단해서는 안 되고, 서로 교차하는 부분에 주의를 기울여야 한다고 생각해.

과학 기술이 점점 더 발달할수록 과학과 문화의 교차(크로스)가 필요하고, 스노가 말한 대로 세계를 과학과 인문학, 두 문화의 겹창으로 보는 것이 특히 중요해.

과학과 인문학, 사실과 가치의 얽힘을 잘 읽어 낸다면 두 문화 사이의 틈은 조금씩 좁혀질 거야. 그것이 바로 과학기술학의 역할이지.

과학기술학(STS)을 배우는 시간

애플의 창업자 스티브 잡스는 과학과 인문학이 만나는 지점에서 훌륭한 기업이 나올 수 있다는 말을 자주 했어. 애플 제품을 만드는 팀원들은 엔지니어이자 음악가, 시인, 예술가, 동물학자, 역사학자라고 말한 적도 있지. 실제로 그렇다는 뜻이 아니라 음악가, 시인, 예술가가 지닌 영감과 자유로움, 창의력을 가진 컴퓨터 엔지니어들이 제품을 만들었다는 뜻이야. 과학과 인문학의 만남을 가장 멋지게 표현한 말이라고 생각해.

나는 대학에서 물리학을 전공했어. 물리학을 공부했지만 가장 관심을 가졌던 것은 '과학 기술과 사회'라는 주제였는데, 토머스 쿤의 『과학 혁명의 구조』, 존 데즈먼드 버널의 『역사 속의 과학』과 같은 책들을 읽고 깊은 감명을 받았기 때문이야. 자연스럽게 대학원에 가서는 과학사와 과학 철학을 공부했지.

과학사는 글자 그대로 과학의 역사야. 과학의 개념, 법칙, 이론, 방법 등이 처음에 어떻게 만들어졌는지, 오늘날까지 어떻게 변화하고 발전해 왔는지를 공부해. 과학 철학은 '과학이란 무엇이며, 어떻게 공부해야 하는가'를 연구하는 학문이야.

과학사나 과학 철학을 알면 알수록 과학 기술과 사회에 대한 여러 주제에 대해 더 깊이 공부하고 싶은 갈증이 커졌어. 그래서 그 갈증을 채우기 위해 먼저 과학 기술의 역사를 깊게 공부하기 시작했지.

과학의 역사를 공부하면서 어떻게 하면 과학의 힘으로 더 괜찮은 사회를 만들 수 있을까 고민하게 되었지.

그러면서 자연스럽게 관심의 초점이 과학사에서 기술사로, 다시 과학기술학으로 바뀌었단다.

30여 년 전만 해도 '과학기술학(STS)'이라는 학문이 잘 정립되어 있지는 않았어. 지금도 과학기술학이라는 말을 낯설어하는 사람이 많아. 언젠가 자기소개를 하면서 과학 기술과 사회의 관계를 연구하는 '과학기술학자'라고 말했는데, 상대방이 '과학기술자'로 잘못 알아들은 경우도 있었단다.

과학 기술이란 말 그대로
과학과 기술이라는 말을 합친 거야.

과학과 기술은 같은 것 같지만 따로 나누어 생각하면 완전히 다른 영역이라는 걸 쉽게 알 수 있어. 인류의 역사를 되돌아보면 대개는 기술이 먼저 발달했고, 과학은 그 뒤에 따라왔단다.

과학과 기술은 서로 얽혀 있어. 과학이 기술을 낳고, 거꾸로 기술의 발전이 과학의 진보를 가져오기도 하지. 이렇게 과학과 기술은 밀접하게 연결되어 있기 때문에 과학과 기술을 합한 '과학 기술', 즉 테크노사이언스라는 말이 생긴 거야.

현대 사회가 해결해야 할 여러 중요한 문제들이 대부분 과학

기술과 연관되어 있어. 에너지 문제부터 식량 문제, 환경 문제, 인구 문제, 무기 개발이나 제한 문제 등 인류의 생존과 밀접한 중요한 문제들이 거의 다 그렇다고 할 수 있지. 과학 기술이 발달하면 사회와 그 사회를 살아가는 사람들은 많은 변화를 겪게 돼.

나는 대학원 다니던 시절에 처음 컴퓨터를 접했어. 컴퓨터의 기능 중에서 가장 놀라웠던 것은 문서 작성 기능이었어. 지금은 기본 중에서도 기본에 속하는 기능이지만, 나는 컴퓨터로 보고서를 쓸 수 있다는 말에 얼마나 놀랐는지 몰라. 그 전까지는 종이에 펜으로 쓰니까 한 글자라도 틀리면 다시 써야 했거든. 그런데 컴퓨터를 쓰면서 언제라도 지우고 다시 쓰면 되니까 어띤 글이라도 얼마든지 쓸 수 있을 것 같았지.

하지만 컴퓨터에 익숙해지면서 예상치도 못했던 변화가 생겼어. '쓰면서 고치지, 뭐.' 하는 생각에 처음에 완벽하게 원고를 준비하던 버릇이 없어진 거야. 글을 쓰면서 생각하는 시간도 줄어드니 생각의 깊이가 얕아진다는 느낌도 받았어. 아주 사소해 보일지 모르지만 과학 기술이 발달하면서 사람의 정신이 어떻게 바뀌는지를 몸소 느꼈던 잊을 수 없는 경험이었지.

　인간은 기술과 만나면서 혹은 결합하면서 새로운 존재로 거듭나게 돼. 과학 기술은 앞으로도 계속 발전할 텐데 사람들은 무엇을 얻고 무엇을 잃게 될까? 과학 기술은 사람들에게 좋은 결과만 가져다줄까? 과학 기술은 과연 끝없이 발전할 수 있을까도 궁금하지 않니? 과학 기술의 발전으로 생기는 문제들도 있을 거야. 어쩌면 과학 기술이 발전하면서 지구의 생존 문제가 더 심각해진 것은 아닐지 고민도 돼.

　기술의 발전이 어떤 사람에게는 혜택을 주지만 어떤 사람에게는 좋지 않은 일일 수도 있어. 모든 사람이 공평하게 기술 발전의 혜택을 누릴 수 없다면, 기술 발전이 인류에게 도움을 준다고 할 수 있을까? 꼬치꼬치 이어지는 질문에 대답을 하다 보면, 어느새 꼬리에 꼬리를 물고 새로운 질문들이 따라와. 이런 질문들에 대한 대답을 해 줄 수 있는 것이 바로 과학기술학이야.

교수님이 요즘 가장 관심을 가진 과학기술학 분야는 무엇인가요?

나는 과학 기술과 사회의 상호 작용을 연구하는데, 예전에는 과거에 일어났던 일을 역사적으로 연구했지만, 요즘은 지금 벌어지고 있는 일에 관심이 많아. 최근에는 인공 지능의 도입이 우리 사회와 인간관계를 어떻게 바꾸는지에 관심을 가지고 연구하고 있어.

이런 주제 중 하나는 인공 지능이 공정하지 못한 판단을 하는 경우야. 예를 들어 면접에 사용되는 인공 지능이 여성 지원자에게 감점을 한 사례가 있어. 이런 사례는 우리가 알아채지 못할 수 있기 때문에 문제가 매우 심각해. 사실 인공 지능을 사용하는 이유가 인간이 가진 편견을 피하려는 것도 있거든. 여성에 대해 편견을 가진 남성 심사 위원이 여성 지원자를 감점하는 경우들이 있었기 때문에 인공 지능을 사용한 건데, 눈이 없어서 사람을 알아보지도 못하는 인공 지능이 어떻게 여성을 감점할 수 있을까?

이 문제는 데이터 문제와 연결이 돼. 면접에 사용되는 인공 지능은 기존의 기업들에서 얻은 많은 데이터를 가지고 훈련을 받아. 그런데

　그 데이터에는 이미 인간의 편견이 반영되어 있어. 남성에 대해 더 좋은 평가를 해 온 과거의 데이터를 가지고 훈련을 받은 인공 지능은 자신이 본 서류와 정보에서 여성임을 암시하는 구절을 발견하면 감점을 하는 거야. 우리 사회가 가진 편견을 반영한 데이터가 인공 지능에 다시 영향을 준 것이지. 이를 어떻게 극복하고 믿을 만한 인공 지능을 만들 수 있는가 하는 문제가 요즘 내가 고민하는 주제야.

　또 최근에는 글자를 넣으면 이미지를 만드는 인공 지능에 대해서도 연구를 하고 있어. 미드저니(Midjourney)처럼 그림을 그리거나 이미지를 생성하는 인공 지능이 여럿 등장해서 널리 사용되는데, 이런 인공 지능이 예술계에 어떤 지각 변동을 일으킬까 같은 주제를 연구 중이지. 인공 지능 때문에 상상력을 더 잘 발휘하고 업무가 쉬워지는 사람도 있지만, 일자리를 잃는 사람도 있어. 우리 사회가 진지하게 토론하고 시급하게 해결해야 할 문제야.

2장 미친 과학자, 빅터 프랑켄슈타인 이야기

- 최초의 '공상' 과학 소설
- 우스꽝스러운 과학자들의 세상
- 인간이 과학 기술을 통제할 수 없다면?
- 흰 가운을 입은 미친 과학자

최초의 '공상' 과학 소설

『프랑켄슈타인』이라는 책을 얼마 전에 읽었어요!

나도 그 정도는 알지. 프랑켄슈타인이라는 괴물이 나오는 소설이잖아.

하하! 프랑켄슈타인은 괴물이 아니고 그걸 만든 과학자의 이름이란다.

영국의 소설가 메리 셸리가 쓴 『프랑켄슈타인』은 세상에 나오자마자 베스트셀러가 되었는데, 그때까지 나온 어떤 소설과도 다른 충격적인 내용 때문이었지.

> 갑자기 그것의 사지가 씰룩 경련을 일으켰다. 그것은 쿨럭 기침을 하더니 또다시 부르르 몸을 떨었다. 긴 침묵이 흐른 끝에, 거칠고 깊은 숨소리가 들려왔다.

프랑켄슈타인 박사는 '그것'을 만들어 낸 순간을 이렇게 기억하고 있어. '그것'은 프랑켄슈타인 박사가 만들어 낸 생명체야. 하지만 '그것'의 외모가 어찌나 흉측했던지 2년 동안 밤낮을 가리지 않은 실험 끝에 완성한 '그것'이 생명의 숨을 내쉰 순간, 자신이 한 짓이 얼마나 무서운 일인지 깨닫고 말았지.

"이럴 수가! 도대체 내가 무슨 짓을 한 거지?"

그대로 기절했다가 깨어난 박사는 실험실을 도망쳐 나와 밤새도록 거리를 돌아다녔어. 한참 뒤에 집으로 돌아와 보니 현관문이 활짝 열려 있었고 괴물은 사라지고 없었단다. 프랑켄슈타인 박사는 실험대를 산산이 부숴 버리고 모든 기계 장치를 분해

해서 내다 버렸어. 이렇게 실험 재료들을 싹 처리한 후에도 프랑켄슈타인 박사는 몇 달 동안 거의 미치광이처럼 살았단다.

 그 후 박사는 어떻게 살았을까? 괴물은 어디로 간 걸까? 상상보다 훨씬 더 흥미로운 이야기가 펼쳐지니까 너희들도 꼭 읽어 봤으면 좋겠어.

『프랑켄슈타인』 개정판에 실린 그림

『프랑켄슈타인』 개정판에는 아주 흥미로운 그림이 실려 있단다. 가장 눈길을 끄는 것은 오른손과 왼쪽 다리 뼈가 그대로 드러난 채 바닥에 넘어져 있는 괴물의 모습이야. 그 아래에는 책과 해골이 널브러져 있어. 아마 괴물을 만드는 데 사용된 재료들 같아. 그 뒤쪽으로 황급히 문을 열고 도망치는 듯한 프랑켄슈타인 박사의 모습이 보이지?

이렇게 박사가 도망친 후 괴물은 외롭게 숨어 살면서 인간의 말과 행동을 배웠단다. 생긴 모습과 달리 괴물은 아주 온순했어. 하지만 흉측한 외모 때문에 인간 세상에서 여러 번 버림을 받았지. 여러 해가 지난 뒤 괴물은 프랑켄슈타인을 다시 찾아왔단다. 그리고 자신과 비슷한 여인을 만들어 주면 아무도 없는 곳으로 가서 조용히 살겠다고 말했어. 프랑켄슈타인은 처음에 이 부탁을 들어주겠다고 약속했어. 하지만 괴물 부부가 자식을 낳고 그 자손이 번성할 것을 상상하니 도저히 그럴 수가 없었지. 결국 약속을 지키지 않았고, 괴물은 배신감에 정말 말 그대로 괴물이 되어 버렸단다. 자신을 만든 사람이 자신을 버렸다는 사실에 분노한 나머지 프랑켄슈타인 박사의 주변 인물들을 차례차례 죽이기 시작한 거야.

이 소설에 등장하는 괴물이 무엇을 상징하는가에 대해서는 여러 해석이 있어. 자본주의를 상징한다거나 남성 중심 사회를 비판한다는 등의 해석도 있지만, 아마 가장 보편적인 해석은 산업 혁명 이후에 영국 사회를 급격하게 변화시키고 있던 기술 혹은 과학 기술을 상징하는 것이 아닐까 하는 거야.

소설을 쓰던 당시 메리 셸리는 '갈바니즘'이라는 과학 이론에 깊이 빠져 있었어. 갈바니즘은 이탈리아 과학자인 루이지 갈바니에 의해서 탄생했는데, '동물 전기 이론'이라고 불러. 갈바니는 개구리 뒷다리에 전기를 통하게 해서 경련을 일으키는 실험을 시작으로 개나 소, 양 등 죽은 동물에 전기 자극을 줘서 다시 살아난 것처럼 움직이게 하는 실험을 공개적으로 했어. 사형당한 시체를 가지고도 실험을 해서 당시 사람들에게 큰 충격을 주었지. 죽은 생명체를 되살리는 갈바니즘에 관심이 많았던 메리 셸리가 상상을 더해 소설로 쓴 것이 바로 『프랑켄슈타인』이야.

『프랑켄슈타인』은 최초의 과학 소설(SF, Science Fiction)이야. '과학 소설도 소설의 한 종류니까 그냥 꾸며 낸 이야기 아냐?'라고 말한다면 좀 곤란해. 사이언스 픽션(SF)은 과학적 사실이나 이론을 바탕으로 해서 쓴 소설을 뜻해. 엄밀하게 말하자면 넓은 범위에서는 픽션, 즉 꾸며 낸 이야기지만 SF는 과학적인 발명이나 발견, 그와 함께 하는 모험과 경험을 다룬 소설이거든.

어쨌든 최초의 과학 소설 『프랑켄슈타인』에 나오는 과학자는 멋있는 사람은 아닌 것 같구나. 다른 사람을 한번 찾아볼까?

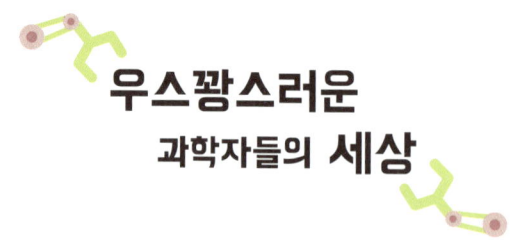

우스꽝스러운 과학자들의 세상

『걸리버 여행기』를 모르는 사람은 없을 거야. 1726년에 영국 작가 조너선 스위프트가 펴낸 『걸리버 여행기』는 모두 4권으로 되어 있어. 외과 의사인 걸리버가 항해 중에 배가 암초에 부딪쳐 처음으로 가게 된 나라는 작은 사람들이 사는 소인국 릴리퍼트였고, 두 번째 나라는 큰 사람들이 사는 대인국 브로브딩내그였어. 그렇다면 세 번째 나라는 어디였을까?

하늘을 나는 섬나라, 라퓨타야. 라퓨타는 과학이 매우 발달한 나라야. 자기 부상 열차처럼 자기장을 이용해서 공중 부양을 하고 떠다닐 수 있는 섬이기 때문에 원하는 곳으로 어디든 움직일 수 있지. 라퓨타 주민들은 수학, 과학, 천문학, 음악에 관심이 아주 많아. 라퓨타 사람들은 망원경으로 당시 유럽 사람들이 아는 것보다 더 많은 별을 찾아내고 화성 주위를 공전하는 위성이 두 개라는 것까지 알고 있었어. 더 놀라운 사실은 실제로 화성의 위성을 발견하고 데이모스와 포보스라는 이름을 붙인 것은 1877년이라는 거야.

네? 이 책은 1726년에 나왔다고 하셨잖아요!

맞아. 과학자들이 화성의 위성을 발견하기 150년 전에 이 작가는 이미 이런 놀라운 상상을 한 거야.

하지만 반전은 있단다. 실제로 생활하는 데 필요한 지식이나 기술은 그야말로 꽝이라는 점이야. 하루는 라퓨타의 기술자가 걸리버의 옷을 만들기 위해 몸의 치수를 재러 왔는데, 줄자로 쓱 재면 될 것을 천체 고도를 측정하는 데 쓰는 사분의와 나침반을 이용해서 희한하게 재더니 그나마 만들어 온 옷은 몸에 하나도 맞지 않았지.

걸리버는 라퓨타의 왕이 통치하는 섬 발니바비에 가서 그 나라에서 가장 권위 있는 과학 연구 기관인 대학술원을 방문해. 그곳에서 과학자들이 하는 연구 중 하나는 '오이에서 햇빛을 추출하는 연구'야. 오이에서 햇빛을 뽑아서 유리병 안에 넣었다가 추운 날에 햇빛을 풀어서 공기를 데우는 것이 목적이야. 그런가 하

『걸리버 여행기』 원작 삽화

면 사람의 똥을 원래의 음식 성분으로 되돌리는 연구도 하고, 얼음을 태워서 재로 만들어 화약을 만드는 연구를 하기도 해. 이런 일을 하느라 그리고 자나 깨나 연구에 대해서 골똘히 생각하느라 라퓨타의 과학자들은 머리가 한쪽으로 기울어져 있어. 게다가 한쪽 눈은 안쪽, 다른 쪽 눈은 천장을 올려다보느라 눈도 비뚤어져 있고. 하지만 무엇보다 재미있는 부분은 책 곳곳에 나오는 과학 기술에 대한 묘사야. 자기로 섬이 떠다닌다는 설정은 현실에서는 불가능한 얘기지만, 중력을 극복하는 방법을 고안했다는 점 자체가 흥미롭고, 화성의 위성이 두 개라는 사실을 상상한 것도 놀라워. 매우 정교한 자동 계산기도 등장하는데, 당연히 이 기계는 오늘날의 컴퓨터를 연상시키지.

이런 점들 때문에 1726년에 나온 『걸리버 여행기』를 최초의 SF 문학이라고 말하는 사람도 있어. 근대 과학이 태동하기 전인 18세기 전반에 이만큼의 과학적 상상력을 펼쳐 보이다니 정말 조너선 스위프트는 대단한 작가 같아.

인간이 과학 기술을 통제할 수 없다면?

사람들은 과학자에 대해 전문적인 지식을 가진 사람, 믿을 만한 사람, 사회를 좀 더 낫게 발전시키는 사람이라고 생각해. 하지만 대중문화 속에 나타나는 과학자의 이미지는 그렇지 않은 것 같아. 로절린 헤인스의 『파우스트에서 스트레인지러브까지: 서구 문학에 나타난 과학자의 이미지 연구』는 무척 흥미로운 책인데, 저자는 21세기 초에 현대 대중문화 속에 나타난 과학자의 이미지를 연구하고 이것을 다음 페이지에 나오는 그림처럼 7가지 모습으로 정리했어.

어때? 생각보다 부정적인 이미지가 훨씬 강한 것 같지?

현실에서 사람들은 과학이나 과학 기술에 대해서 긍정적으로

생각하지만 소설이나 영화 속에서는 다르게 느끼는 것 같아. 헤인즈는 자신이 분석한 소설의 절반 이상에서 과학 연구의 결과가 사회에 부정적인 영향을 미치는 것으로 나타난다고 말했어. 대략 이런 식이야.

과학자들이 연구를 한다. → 과거와는 다른 완전히 새로운, 혁신적인 결과를 내놓는다. → 그 혁신적인 결과가 과학자의 통제 범위를 벗어나 사회에 나쁜 영향을 끼친다. → 궁극적으로 연구 결과는 연구자 자신에게 복수의 칼이 되어 되돌아온다.

어떠니? 놀랍게도 앞서 살펴보았던 『프랑켄슈타인』의 스토리와 정확히 일치하지 않니?

실제로 현대 과학이 발달한 20세기 중반 이후가 되면 매우 이성적이고 합리적인 과학자의 이미지가 등장해. 1964년에 나온 영화 〈닥터 스트레인지러브〉에 나오는 스트레인지러브 박사도 겉보기에는 그렇게 보인단다.

영화는 미국 잭 리퍼 장군의 도발적인 행동으로 시작해. 리퍼 장군은 공산주의를 아주 혐오하는 사람인데, 걸핏하면 소련의 공산주의자들이 미국 사람들이 먹는 수돗물에 독약을 탈 거라고 말하고 다녀. 점점 과대망상이 심해진 리퍼 장군은 자기 마음대로 핵무기를 실은 전투기를 소련으로 출격시켜 버려. 그러자 소련에서 비상사태가 일어나. 소련에는 핵 공격을 받으면 즉시 이에 대항해 핵무기를 발사하는 둠스데이 머신이라는 게 있었거든. 둠스데이 머신은 완전히 자동으로 설계되어서 기계를 멈추거나 파괴하려고 했다가는 무조건 터지는 시스템, 게다가 한 방이면 100년 동안 방사능 물질을 퍼뜨려 지구 전체를 죽음의 세계로 만드는 위험한 물건이야.

대체 그런 걸 왜 만든 거죠?

미국에서 같은 걸 만들었다는 소문 때문이야.

아무튼 비상 회의가 소집되고 미국과 소련의 수뇌부들이 모두 모였어. 비로소 등장한 스트레인지러브 박사는 독일 출신이지만 미국인으로 귀화한 천재 과학자야. 핵무기에 대해서는 누구보다 잘 알고 있는 사람이지.

모두 걱정과 기대에 찬 눈으로 스트레인지러브 박사를 바라보지만, 그는 너무나 무책임한 대답을 해. 핵폭탄이 터지지 않게 할 수는 없지만, 폭탄이 터지고 난 이후의 세계에서 살아남는 방법을 알려 주겠다고 말이야. 그 방법이란 지하 깊숙한 곳에 만들어 놓은 보호 구역으로 대피하는 거야. 결국 비상 회의는 지하의 보호 구역에 들어갈 사람을 어떻게 결정하는가를 논의하는 자리가 되고 말지.

이 영화가 만들어진 1960년대 초반은 제2차 세계 대전이 끝나고 경제가 빠르게 발전하면서 민주주의가 무르익어 가던 시절이야. 다만 미국과 소련 사이에는 냉전이 심해지고 있었어. 도대체 왜 둠스데이 머신 같은 위험한 자동 기계를 만들었냐고 묻자 스트레인지러브 박사는 이렇게 대답한단다.

"취소할 수 없는 게 둠스데이 머신의 가장 중요한 기능이고 역할입니다. 적이 핵미사일 1개를 발사했는데, 우리는 핵미사일 만 개를 발사한다? 이건 인간이 내리기에는 너무 끔찍한 결정이잖아요. 그러니까 기계가 하도록 만든 거지요."

〈닥터 스트레인지러브〉는 겉으로는 냉전 상태에 있는 미국과 소련 두 나라를 풍자하고 있어. 하지만 그것을 넘어서 핵무기로 대표되는 현대 과학 기술과 이를 적절하게 통제할 수 없는 인류에 대해 비판하는 영화라고 할 수 있지. 사람들이 진보의 상징이라고 여겼던 과학과 그것을 이룩한 과학자에 대한 믿음을 비판한 거야.

흰 가운을 입은 미친 과학자

 실험실에서 연구하는 과학자를 실제로 본 적이 있니? 실제로 본 적이 없어도 흰 가운을 입은 과학자를 떠올린 사람이 많을 거야. 과학자라고 하면 으레 흰 가운을 입은 사람을 떠올리는 이유는 아마도 영화나 만화에서 본 과학자의 이미지 때문일 거야.

 그런데 실제로 과학자들 중에 흰 가운을 입는 사람이 그리 많지 않단다. 실험실에서 가운을 입는 까닭은 염산 같은 위험한 화학 물질이 옷에 튀는 것을 방지하기 위해서야. 그래서 화학자나 생물학자는 흰 가운을 입는 경우가 많지만, 물리학, 지구 과학, 생태학, 공학을 연구하는 과학자들은 굳이 흰 가운을 입을 필요가 없단다.

아인슈타인 박사가 흰 가운을 입고 찍은 사진을 본 적 있는 것 같은데요?

실제로 아인슈타인은 실험 물리학자가 아니라서 흰 가운 입은 사진을 찍은 적이 없단다. '과학자는 흰 가운'이라는 이미지 때문에 그런 오해가 생긴 거지.

그렇다면 과학자를 생각하면 바로 떠오르는 이 하얀 가운은 언제부터 누가 입기 시작했을까? 18세기 말의 그림을 보면 실험하는 화학자가 앞치마 같은 것을 두르고 있어. 동물 해부를 많이 했던 19세기의 생리학자도 앞치마 같은 것을 두르고 실험을 했지. 옷에 화학 약품이나 피가 튀는 것을 막기 위해서였을 거야. 당시 과학자가 입던 가운은 흰색이 아니라 짙은 베이지색이었어. 아무래도 흰색보다는 오염 물질이 묻어도 잘 보이지 않는 베이지색이 더 적당했으니까.

19세기 말에는 병원의 의사들이 가운을 입기 시작했어. 가운을 입으면 좀 더 과학자처럼 보일 수 있었기 때문이지. 지금과 달리 그 당시에 의술은 '비과학적'이고 '속임수를 쓰는 사이비'라는 비판을 받고 있었어. 그래서 지식을 발견하는 과학자의 가운을 빌려 와서 의학이 과학과 비슷한 학문이라는 인상을 주려고 한 거야. 이 과정에서 가운의 색깔이 짙은 베이지색에서 흰색으로 바뀌었어. 흰 가운을 입으면 의술을 실천하는 의사가 청결하고 순수하다는 느낌을 주어 의학에 대한 신뢰와 권위를 높일 수 있다고 생각했기 때문이지. 마치 종교 지도자들이 흰 망토를 즐겨 입었던 것처럼 말이야. 20세기가 되면서 흰 가운은 의료인을 상징하게 되었고, 더 시간이 지나면서 과학자가 실험실에서 입는 실험복도 베이지색에서 흰색으로 바뀌었어.

자신의 발명품을 두고 도망치는 프랑켄슈타인 박사, 우스꽝스러운 라퓨타의 과학자, 이름부터가 괴상한 스트레인지러브 박사까지 앞에서 살펴본 과학자들은 어쩐지 정상적이라고 부르기 힘든 과학자들이야. 이런 사람들을 '매드 사이언티스트'라고 불러. 매드 사이언티스트는 말 그대로 미친 과학자, 그러니까 보통 사람들이 갖고 있는 상식이나 도덕성 따위는 없고 오직 자기가 세운 목표를 위해 과학자로서의 재능을 사용하는 과학자를 말해.

　실제로 20세기에는 매드 사이언티스트라고 부를 수 있는 과학자들이 등장해서 악명 높은 연구를 하기도 했어. 제1차 세계대전 당시 독가스를 만든 독일 화학자 프리츠 하버, 제2차 세계대전 동안에 생물 무기 개발을 위해 인체 실험을 했던 일본 731

부대의 책임자 이시이 시로, 아우슈비츠에서 '죽음의 천사'라고 불렸던 요제프 멩겔레가 이런 악명 높은 과학자들이야. 이런 비윤리적인 연구들 때문에 과학에 대한 대중적 이미지가 상당히 추락했지.

프랑켄슈타인은 괴물을 만든 박사의 이름이지만, 언제부터인가 '괴물'을 지칭하는 것으로 변했어. 유전자 변형 음식을 '프랑켄슈타인 음식'이라고 하고, 방사능에 대해서는 '프랑켄슈타인의 저주'라고 표현하기도 해. 이런 표현을 쓰는 사람들은 그것들이 인간을 공격하고 있으며, 유일한 해결 방법은 연구를 중단하는 것이라고 주장해.

그런데 과연 근대 이후 계속해서 이어져 온 과학의 발전을 막는 것이 가능할까? 소설 속의 프랑켄슈타인 박사는 과학을 깊이 사랑하고, 열심히 노력해서 위대한 과학자가 되려고 했던 사람이었어. 하지만 프랑켄슈타인은 괴물을 만들고 나서 도망쳤고 그에게 이름도 지어 주지 않았지. 프랑켄슈타인 박사가 잘못한 것은 괴물을 만들어 낸 게 아니라, 괴물을 버리고 도망친 거야.

과학자라면 자신이 발견하고 만든 것을 그냥 내버려두어서는 안 되며, 애정을 가지고 계속 보살펴야 한다는 것, 그러지 않으면 그 존재가 괴물이 되어 자신을 덮칠 수도 있다는 것이 『프랑켄슈타인』에서 말하고자 하는 교훈이야. 문제가 있다고 이를 없애거나 못 본 척 내버려두는 것보다 과학을 잘 돌보면서 성장하게 하는 것이 책임 있는 과학자의 태도가 아닐까?

역사상 가장 별난 과학자는 누구라고 생각하세요?

아무래도 뉴턴이 아닐까? 뉴턴은 과학자들에게 설문 조사를 했을 때 지금까지 살았던 과학자 중에서 가장 천재적인 과학자로 뽑히곤 해. 물리학자 중에는 아인슈타인보다 뉴턴을 더 뛰어난 물리학자로 평가하는 사람이 많아.

보통 뛰어난 물리학자는 뛰어난 수리 물리학자이거나 재주가 많은 실험가이거나 둘 중 하나인데, 뉴턴은 수리 물리학 영역과 실험 영역 모두에서 천재적인 업적을 남겼어. 만유인력과 뉴턴의 운동 3법칙을 제창한 『자연 철학의 수학적 원리』(1687)는 당대 최고의 수학자만 쓸 수 있었을 어려운 수학이 가득했고, 반대로 『광학』(1704)은 아주 놀라운 실험들로 가득한 책이지. 게다가 뉴턴은 미적분을 발명한 수학자이기도 해.

그렇지만 뉴턴은 무척 괴짜이기도 했어. 어릴 때부터 친구가 거의 없었고, 혼자서 책을 읽거나 창고에서 위험한 실험에 몰두하기도 했어. 아버지는 뉴턴이 태어나기 전에 돌아가셨고, 어머니는 재혼을 해

서 떠났기 때문에 뉴턴은 할머니 품에서 자랐어. 무척 외로웠겠지. 이런 상황이 뉴턴을 과학 공부에 몰두하게 했던 것 같기도 해.

뉴턴은 다른 사람의 비판에 무척 예민한 사람이었어. 자신이 심혈을 기울여 쓴 광학 논문이 비판의 대상이 되자, 그 뒤로 논문을 하나도 쓰지 않았어. 이때 뉴턴의 광학 실험을 강력히 비판한 과학자가 로버트 훅이었어. 이후로 광학에 대해서 논문을 쓰지 않던 뉴턴이 자신의 비판자 로버트 훅의 임종이 머지않았다는 소식을 듣고 '광학'을 주제로 책을 썼는데 이게 바로 『광학』이야.

뉴턴은 천체의 비밀을 밝히면서, 또 한편으로는 연금술 실험과 연금술 이론에 몰두했지. 실제로 뉴턴은 납 같은 금속을 가지고 금을 만들 수 있다고 믿었어. 연금술 실험에 몰두하다가 수은 중독 증상을 보이기도 했으니까. 지금 우리로서는 이해가 잘 안 되지만, 뉴턴에게는 이런 모든 활동이 자연에 숨은 비밀을 밝히는 행동이었을 거야.

3장 과학 기술이 발전하면 사회도 같이 발전할까?

- 인공 달걀 부화기가 첨단 과학 기술?
- 100년 후의 유토피아
- 과학이 지배하는 미래 세계
- 누군가 나를 감시한다

인공 달걀 부화기가 첨단 과학 기술?

『유토피아』, 『새로운 아틀란티스』, 『멋진 신세계』, 『1984』. 이 책들 읽어 봤니?

제목부터 심상치가 않네요. 과학자들이 쓴 책인가요?

소설책 아닌가요? 저는 소설보다 과학책이 읽고 싶은데……

토머스 모어는 영국 사람들이 가장 위대한 역사 인물을 뽑을 때 반드시 손꼽는 사람이야. 『유토피아』는 토머스 모어가 쓴 유일한 소설인데, 그가 완벽하다고 생각하는 나라의 이름이기도 하단다. 과연 어떤 나라인지 한번 살펴볼까?

유토피아에서는 하루에 6시간씩 일을 해야 하지만 나머지 시간은 자유롭게 보낼 수 있어. 보통은 오전에 3시간을 일하고 공동 식당에 가서 점심을 먹고 잠시 휴식을 해. 그런 다음 오후에 나머지 3시간의 일을 마치면 멋진 저녁 식사가 기다리고 있지. 필요한 물건이 있으면 그 물건을 파는 가게에 가서 받아 와. 돈은 안 내도 돼. 유토피아에는 아예 화폐라는 게 없거든.

욕심이 많거나 유난히 사치스러워서 더 많이 가지려고 하는 사람은 없냐고? 유토피아에서 그런 일은 상상할 수도 없어. 금과 은 같은 귀금속은 가치 있는 물건이 아니라 수치의 상징이야. 유토피아 사람들은 하늘에 반짝반짝 빛나는 별들이 그토록 많은데, 별에 비해 빛도 나지 않는 돌조각에 매혹되는 것을 이해하지 못한단다.

이 나라의 좋은 점은 직업에 따라 사람을 차별하지 않는다는 거야. 가장 중요한 기술은 농사짓는 기술인데, 거의 모든 사람

이 농사를 지을 줄 알아. 수학, 기하, 천문, 기상에 대해서도 상당히 높은 수준의 지식을 갖고 있지.

『유토피아』는 제1권, 제2권으로 되어 있는데, 지금까지 말한 내용은 제2권이야. 그런데 제1권은 조금 분위기가 달라. 제1권에서 토머스 모어는 16세기 당시의 영국 사회를 강하게 꾸짖고 있어. 땀 흘려 일하는 사람들은 짐승만도 못한 삶을 살고, 일을 안 하는 귀족, 은행가, 금세공 업자들이 잘사는 현실, 갖가지 세금을 매겨서 가난한 사람들의 등골을 빼먹고 사는 부자들을 '기생충'이라고 부르면서 혹독하게 비판하지. 모어는 부가 특정한 계층의 사람들에게 극단적으로 쏠리는 사회를 참을 수 없었던 거야.

이제 왜 모어가 『유토피아』 제2권에서 모두가 평등하게 같이 일하고 같이 나누는 사회를 꿈꾸었는지 이해가 되지?

'유토피아'는 완벽하게 살기 좋은 곳이지만 어디에도 없는 곳, 즉 상상 속에만 존재하는 완전한 사회를 가리켜. '유토피아'라는 단어가 바로 이 책에서 처음으로 사용되었지.

토머스 모어가 말하는 유토피아는 인간의 삶을 가장 인간답게 다시 세우는 사회야. 『유토피아』에서는 높은 수준으로 발전한 과학이나 기술이 거의 등장하지 않아. 이 사회의 경제적 기초는 농업이고, 누구나 능숙한 농민들이지. 『유토피아』에서 아주 특별한 방법이라고 소개하는 '첨단' 기계는 달걀 부화기야. '에계?'라는 말이 나올 정도로 단순한 기계지만, 유토피아 사람들은 '알에 일정한 온도를 가하면 암탉이 알을 품지 않고도 한 번에 수십 개의 알을 부화시킬 수 있답니다.'라며 자랑스러워한단다.

유토피아에 사는 사람들은 평화롭게 살지만 결코 과학 기술의 발달로 이룩한 평화가 아니었지.

그런데 『유토피아』가 출판된 지 100년 정도가 지난 1627년, 토머스 모어와 같은 영국 사람인 프랜시스 베이컨이 쓴 『새로운 아틀란티스』의 세상은 조금 달라. 『새로운 아틀란티스』에는 먼 미래에나 볼 수 있는 과학 기술의 역할이 엄청나게 강조되어 있단다. 100년의 시간을 뛰어넘어 유토피아를 가능케 하는 조건들이 어떻게 바뀌었는지 한번 살펴볼까?

100년 후의 유토피아

　프랜시스 베이컨의 『새로운 아틀란티스』는 영국 선원들이 배를 타고 가다 풍랑을 만나서 구사일생으로 섬에 도착하면서 시작해. '벤살렘'이라는 섬 사람들은 매우 풍족한 생활을 하면서 어떤 갈등이나 적대감 없이 아주 평화롭게, 그야말로 유토피아적인 삶을 살고 있지. '또 유토피아야?'라고 생각할지 모르지만, 두 나라는 조금 다르니까 잘 들어 보렴. 앞서 말했지만 토머스 모어가 쓴 『유토피아』에서는 과학 기술이 거의 강조되지 않지만 『새로운 아틀란티스』에 나오는 벤살렘 왕국은 과학 기술이 엄청나게 발달한 나라로 나온단다.

　벤살렘 왕국에는 그들이 매우 자랑스러워하는 곳이 있어. '솔로몬의 집'이라는 일종의 과학 연구소인데 이 왕국의 사람들이 풍족하고 평화롭게 살아가는 데 아주 큰 역할을 하는 곳이야.

그렇다면 벤살렘 사람들이 그토록 자랑스러워하는 '솔로몬의 집'에서는 어떤 과학 기술들을 연구하는지 살펴볼까?

조금만 먹어도 배가 부른 빵과 고기와 음료수, 멀리 떨어져 있는 사람들이 소통할 수 있는 통신 기계, 음식을 오랫동안 저장하는 냉장고, 바닷속으로 잠수하는 배, 유럽의 성능 좋은 대포보다 훨씬 멀리 나가고 강한 대포, 제철보다 일찍 꽃이 피고 열매를 맺게 하는 기술, 동물을 원래보다 크거나 작게 만들거나 성장을 멈추게 하는 기술들이야.

솔로몬의 집은 국가의 적극적인 후원을 받고 있는데, 각 분야의 전문가들이 실험하고 연구할 때 서로 협동할 수 있게 설계되어 있어. 연구소는 자연과 건물이 어우러져 거대한 도시처럼 생겼어. 양조장, 제과점, 부엌, 약국, 용광로, 색채 실험실, 광학과 음향학 실험실, 향기 실험실, 지질 연구소, 엔진 시설, 수학 연구실 등의 부대시설이 많아서 각자의 역할을 분담해서 체계적으로 수행하지. 실험실이 아주 많다는 점을 주목해 보렴.

오늘날에는 과학에서 실험이 아주 중요하다는 것을 누구나 알고 있어. 그런데 베이컨이 살던 시대에는 과학자가 실험을 해야 한다는 생각 자체가 굉장히 낯선 것이었어. 당시 과학자들은 '실험을 하면 자연을 어지럽히고 망치게 된다. 자연을 건드리지 않고 세심하게 관찰하는 것만이 올바른 방법이다.'라고 주장했거든. 베이컨은 이와 반대 입장이었어.

　베이컨은 영국이 새로운 과학을 집중적으로 연구할 수 있도록 국가적인 토대를 만들어야 한다고 주장했어. 솔로몬의 집에서 하듯이 실험 과학을 통한 발전은 단순히 사회를 물질적으로 풍요롭게 하는 것만이 아니라 사회의 진보, 더 나은 세상을 만드는 데 기여할 것이라고 생각했지.

베이컨은 과학 기술이 발전하면 사회가 발전하고 최종적으로는 국가가 더 부유해질 수 있다고 생각했어.

　베이컨은 영국 국왕의 측근에서 일하는 관료였어. 그는 나라를 다스리는 과정에서 영국 사회의 문제점에 대해 깊이 고민했

는데, 당시 영국 사회의 가장 큰 문제는 사회 전체의 빈곤이라고 생각했어. 어떻게 하면 사회 전체의 부를 끌어올릴까를 고심하던 베이컨은 실험을 통한 과학 기술의 발전에 주목했던 거지.

베이컨은 '근대 실험 과학의 아버지'라는 별명을 갖고 있어. 그가 쓴 책 『신기구』에서는 인쇄술, 화약, 나침반을 인류의 위대한 발명품으로 꼽고 있는데, 세계의 상태를 바꾸어 놓았기 때문이라고 해. 실제로 인쇄술은 글쓰기의 모습을, 화약은 전쟁의 모습을, 나침반은 항해의 모습을 완전히 바꾸어 놓았지. 그는 과학이 물질의 세계를 지배한다고 굳게 믿었고, 과학에서 새로운 세계(유토피아)와 새로운 학문의 가능성을 보았어.

이에 비해 토머스 모어는 근대 과학의 눈부신 성과들이 쏟아져 나오기 이전에 살았던 인물이야. 그래서 그가 『유토피아』에서 가장 강조한 것은 인간은 어떻게 하면 행복하게 살 수 있는지에 대한 물음이었어. 풍요로움은 오히려 공허하거나 해로운 것으로 여겼고, 모든 구성원들이 평등하고 행복하게 살기를 바랐지. 똑같이 유토피아를 꿈꾼 두 사람이지만, 각자 완전히 다른 모습의 세상을 상상했다는 점이 참 재미있지 않니?

과학이 지배하는 미래 세계

　기계의 힘만으로 움직이는 자동차가 탄생한 것은 1769년이야. 이때의 자동차가 바로 증기 자동차지. 증기 자동차에는 보일러가 달려 있어. 석탄을 태워서 그 열로 보일러를 데우고 물이 끓으면서 발생한 수증기의 압력으로 작동하는 거지. 만약 중간에 차가 멈추면 물을 붓고 그 물이 끓어 수증기가 될 때까지 기다려야 해. 생각만 해도 답답하지? 하지만 당시만 해도 이 증기 기관은 세상을 깜짝 놀라게 한 위대한 발명품이었단다. 비록 자동차로서의 역사는 짧지만, 말이 끄는 마차를 타던 시대에 기계로 움직이는 자동차의 발명은 대단한 사건이었어.

　증기 기관뿐만 아니라 전기의 발명, 신문을 대량으로 찍어 내는 회전 운전기 등 19세기의 과학 기술은 사람들의 마음을 들뜨게 만들었어. 그런데 과학 기술이 비약적으로 발전한 이 시기에 스멀스멀 나오기 시작한 말이 바로 '디스토피아'야.

> **디스토피아는 현대 사회의 부정적인 면이 다 모여 있는 암울한 미래를 뜻해.**

사실 산업 혁명 이후에 세상은 많이 변하고 사람들의 삶도 달라졌지만, 그 모습은 유토피아와는 거리가 멀었어. 사회가 산업화되면서 경제는 급속도로 발전했지만 가난, 범죄, 질병 같은 문제를 해결하지는 못했고, 오히려 사람들이 몰려 사는 도시에서는 이런 문제들이 더 심해졌지. 찰스 디킨스가 쓴 『올리버 트위스트』에 나오는 것처럼 도시의 빈민가에서는 어린아이들까지 공장에 나가서 하루 종일 일을 하던 시대였으니까.

그리고 미국의 헨리 포드라는 사람이 자동차를 대량으로 만들어 내면서 세상은 달라졌단다. 오늘날 흔히 얘기하는 '현대'

사회가 시작된 거야. 포드는 생산 라인에서 컨베이어 벨트*를 이용하는 새로운 개념의 자동차 공장을 만들었어. 이전의 자동차 공장에서는 노동자가 각 작업대를 돌아다니며 일했지만, 포드의 공장에서는 자동차 부속물이 컨베이어 벨트를 따라 이동하여 정해진 위치에 있는 노동자들에게 흘러가는 방식이었지.

1920년대 미국 거리에 다니는 자동차의 절반 이상이 포드 자동차였어. 1930년대에는 집집마다 자동차가 보급될 정도로 늘어났지.

헨리 포드의 자동차는 산업 혁명으로 얻은 인류의 급격한 기술적 성과를 대중에게 널리 보급할 수 있는 기틀을 마련한 거야.

그런데 이런 생산 방식을 도입하면서 작업은 단순해졌어. 노동자는 값싼 임금을 받고 기계 부속처럼 일을 하게 되었지.

올더스 헉슬리는 이 시기에 미국을 여행했어. 그러면서 노동

---

* **컨베이어 벨트**: 물건을 연속적으로 이동·운반하는 띠 모양 운반 장치.

자들의 인권이 무시되는 모습을 생생하게 목격했지. 그리고 『멋진 신세계』라는 작품을 세상에 내놓았어.

소설 『멋진 신세계』의 배경은 2540년 정도의 미래야. 이 사회에서는 포드를 거의 신처럼 추앙하고, 심지어 달력도 포드력을 사용해. 사람들은 모두 인공 부화 공장에서 태어나. 사회는 매우 안정되어 있으며 특히 과학 기술이 매우 발달했지. 사람들은 원하는 것을 무엇이든지 얻을 수 있고, 병으로 괴로워하지도 않으며, 죽음을 두려워하지도 않아. 우울하거나 힘들 때는 약을 먹어서 감정을 조절해. 그리고 60살이 되면 국가에서 안락사를 시킨단다. 60세까지 아주 행복하게 쾌락만을 추구하면서 살다 생을 마감하고 후손은 인공 수정으로 계속 만들어지지.

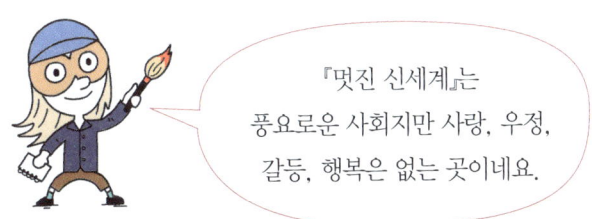

『멋진 신세계』는 풍요로운 사회지만 사랑, 우정, 갈등, 행복은 없는 곳이네요.

올더스 헉슬리는 과학 기술이 발전한다고 해서 인간을 구원해 주는 유토피아가 만들어지지 않는다고 생각했어. 특히 과학 기술

이 잘못 사용되었을 때에는 비인간화, 인간성 상실, 진정한 자아로부터의 이탈 같은 심각한 결과를 낳을 수 있다고 생각했지.

『멋진 신세계』는 디스토피아 소설의 대표적인 작품이야. 디스토피아는 유토피아의 반대말로, 상당히 끔찍한 미래의 어떤 사회를 이야기할 때 사용하는 말이야. 디스는 '나쁜, 힘든'이란 뜻이야. 산업 혁명 이후에 사회적 불평등이 널리 퍼지고 기계화로 인한 인간성 상실에 대한 논의가 시작되면서 디스토피아라는 단어가 만들어졌어. 그리고 자본주의가 아무리 발전해도 빈부 격차는 더 심해질 것이고, 가진 사람은 더 많이 가지려 들 것이기 때문에 결국 사회는 유토피아와는 정반대 방향으로 갈 수밖에 없다는 생각이 등장하면서 디스토피아라는 말은 유도피아만큼이나 자주 사용되기 시작했지.

누군가 나를 감시한다

　디스토피아 소설 중 최고의 작품으로 꼽히는 작품은 조지 오웰이 쓴 『1984』야. 『1984』에 나오는 가상의 국가 오세아니아는 항상 전쟁 중이고 언제든 전쟁이 일어날 수 있는 비상사태를 유지하고 있는 나라야. 이 나라에서는 '당'이 절대 권력을 가지고 있어. 당의 구호도 '전쟁은 평화, 자유는 예속, 무지는 힘'이야. 잠깐, 뭔가 조금 이상하지 않니? 전쟁은 평화, 자유는 예속, 무지는 힘? 다시 읽어 봐도 말이 안 되지? 당의 부서 이름을 보면 더 확실해져. 전쟁을 담당하는 평화부, 범죄를 관리하는 애정부, 매일 배급량이 줄어든다는 발표만 하는 풍요부 등 당의 부서 이름도 하는 일과 정반대야. 소설의 주인공인 윈스턴은 진리부에 근무해. 그가 하는 일은 과거의 정보를 조작하는 거야. 과거에 일어났던 사건 중 당에 안 좋은 사건들이 있으면, 그 역사를 전부 바꾸는 일을 하지.

아니, 이미 일어난 일을 어떻게 바꾸나요?

과거 역사가 적힌 책들이 있으면 다 없애고 새로운 책으로 바꿔 놓는 거야.

그런데 하나의 역사를 바꾸면 그것과 연관된 또 다른 역사를 바꿔야 하기 때문에, 윈스턴은 꼬리에 꼬리를 물고 끊임없이 역사 기록을 바꾸는 일을 해.

오세아니아는 빅브라더라는 독재자가 통치해. 빅브라더는 텔레스크린을 통해 사람들을 감시하고 당의 사상을 세뇌시키는 존재야. 텔레스크린은 오늘날로 치면 시시 티브이(CCTV) 같은 건데, 집 안, 거리, 공공장소 등 사람들이 있는 곳이라면 어디든 텔레스크린이 걸려 있어. 내가 어디에 가더라도 항상 당이 나의 행동을 지켜보며 감시하는 거야. 우리 주변에 시시 티브이가 나를 예의 주시하면서 지켜보다가 나에게 말을 건다고 생각해 봐. "이 공원은 자전거 출입 금지야. 경찰이 곧 출동할 거니까 꼼짝 말고 있어.", "거기 초록 모자 쓴 사람, 방금 쓰레기 버린 거 맞지?" 이렇게 말이야. 『1984』 속의 텔레스크린이 바로 그런 식이야. 예를 들어 스크린에서 어떤 음악이 나오면 바로 체조를 따라 해야만 해. 만

약 따라 하지 않으면 즉시 제대로 하라는 명령이 떨어지지. 스크린 자체가 감시 카메라이기 때문에 집 안에서도 감시를 피해 숨을 곳이 거의 없어.

이 작품은 그 당시의 독일이나 소련 같은 국가에서 볼 수 있었던 전체주의 정부의 위험성을 고발하고 있어. 강력한 권력을 가진 정부가 심리 캠페인을 하고, 비밀경찰을 통해 사상 검열을 하고, 언어와 역사를 통제하고 텔레스크린으로 사생활을 침

해하는 등 정보 통신 기술이 고도로 발달한 사회에서는 오히려 과학 기술이 인간을 감시하는 도구가 될 수 있다는 암울한 미래를 보여 주고 있지. 이 책이 쓰인 1949년에는 컴퓨터나 정보 통신 기술이 발달하기 이전이라는 사실을 생각하면, 오웰의 통찰력이 놀라울 따름이야.

절대로 굴복하지 않을 것 같았던 윈스턴이 나중에는 남들보다 더 빅브라더를 찬양하고 사랑하게 된다는 결말을 보면 너무나 절망스럽단다.

오웰은 과학이 눈부시게 발전하면 그 결과 인간의 존엄성을 존중하고 개성을 발휘할 수 있는 사회가 아니라 공포와 통제로 가득 찬 사회가 올 수 있다는 생각을 한 것 같아. 진실을 감추고 조작하는 국가를 상상한 거지. 그런 국가가 어떻게 인간의 건전한 정신을 짓밟고 억눌러서 인간성을 파괴시키는지『1984』를 통해 생생하게 보여 준 거야.

2024년의 우리는 오웰이 이 작품을 썼던 1949년이나 작품

속 시대인 1984년보다 훨씬 더 발전된 과학 기술의 시대에 살고 있어. 『1984』를 읽는다면 지금 우리는 과학 기술과 평화롭게 공존하며 살고 있는지 한번 생각해 보았으면 좋겠구나.

교수님이 생각하는 진정한 유토피아는 어떤 모습인가요?

로봇이 인간의 육체 노동을 대체하고, 인공 지능이 인간의 정신 노동을 대체하면 유토피아가 될까? 많은 이들이 이런 사회가 곧 올 것이라고 예견하면서, 이런 사회가 오면 인간은 노동을 하지 않고 자신이 하고 싶은 취미 생활을 하면서 매일매일을 보낼 수 있을 거라고 생각해.

우리가 일하는 시간이 조금씩 줄어든 것은 사실이야. 내가 여러분 나이였을 때는, 토요일에도 학교에 갔거든. 그런데 지금은 10년 내에 주 4일제가 시행될 것 같다는 예측도 있잖아? 그래서 인공 지능과 로봇이 인간의 일을 대체하면 우리는 정말 매일 놀면서 내가 하고 싶은 일만 하며 살 수 있을까?

노동 시간이 줄고 주 6일 근무에서 5일 근무로 바뀐 것은 우리 사회가 점점 더 잘살게 되어서 그래. 그런데 공장에 로봇이 도입되어 하루 아침에 직장을 잃고 작업장을 떠나야 했던 근로자를 생각해 봐. 그는 직장이 없기 때문에 과거보다 시간이 더 많을 거야. 그렇지만 그렇게 행

복하지는 않겠지. 일을 해야 월급을 받고, 월급을 받아야 생계를 꾸려 나가는데, 그러지 못하니까 말이야. 로봇과 인공 지능이 정말 똑똑해지면, 우리 모두는 그냥 직장을 잃어버리는 신세가 될지도 몰라.

내가 바라는 유토피아는 로봇이 대신 일을 해 주는 사회가 아니라, 지금보다 경쟁이 훨씬 덜한 사회야. 노력을 안 해도 잘사는 사회가 아니라, 자신이 잘하는 분야를 열심히 하면 다른 사람만큼 사는 사회. 택시 운전을 열심히 하는 사람과 의사가 모두 사신의 일에 자부심을 느끼면서도 합리적인 보상을 받는 세상. 대기업 근로자와 중소기업 근로자의 월급이 별로 차이가 없고, 근로자와 사장의 월급이 수백 배 차이 나지 않는 세상. 우리 모두는 이런 세상을 바라는 것 같지만, 또 한편으로는 성공한 사람이 떵떵거리며 살 수 있는 세상을 바라기도 하는 것 같아. 그래서 모두를 위한 유토피아가 실현되기는 참 어려운 일이 아닐까?

4장 과학자에게는 상상력이 필요해

- 상상력의 끝판왕 피카소
- 갈릴레이는 '상상'을 했다
- 가장 천재적인 과학자 뉴턴
- 예술적 상상력+과학 기술=백남준

상상력의 끝판왕 **피카소**

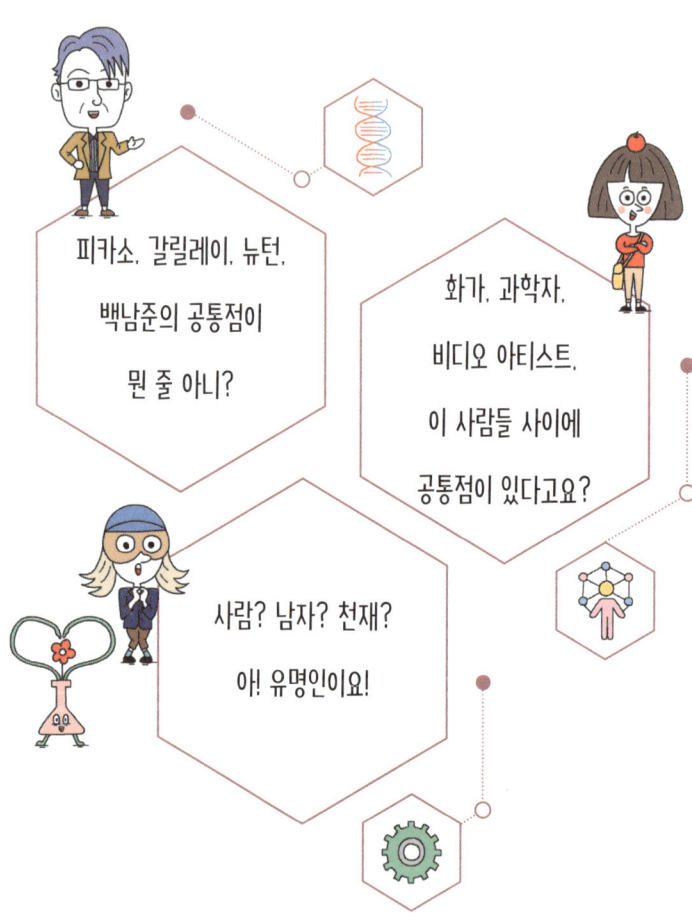

피카소, 갈릴레이, 뉴턴, 백남준의 공통점이 뭔 줄 아니?

화가, 과학자, 비디오 아티스트, 이 사람들 사이에 공통점이 있다고요?

사람? 남자? 천재? 아! 유명인이요!

피카소라는 화가를 알고 있니? 인류 역사상 아주 위대한 화가 중 한 명인 피카소는 특히 입체파 화가로 잘 알려져 있어. 피카소를 중심으로 한 입체파 화가들은 르네상스* 이래 사실주의적인 전통을 지켜 오던 유럽의 미술 역사에 혁명과도 같은 변화를 일으켰지. 입체파는 후대의 추상 미술뿐만 아니라 건축과 디자인 등에도 많은 영향을 미쳤어. 그런데 이 입체파라는 회화 유형은 어떻게 시작되었을까?

피카소는 1907년 입체파의 시작이라고 할 만한 역사적인 그림 한 점을 그렸어. 20세기의 아주 유명한 그림 중 하나로 꼽히는 〈아비뇽의 처녀들〉이야. 뉴욕의 현대 미술관에 가면 〈아비뇽의 처녀들〉 앞은 언제나 관람객들로 붐빈단다. 하지만 파리에 있는 작업실에서 피카소가 처음 이 그림을 그렸을 때는 아무도 그런 예상을 하지 못했지. 그림을 처음 본 피카소의 친구들은 이렇게 반응했어.

"도대체 뭘 그린 거야?"

〈아비뇽의 처녀들〉을 처음 보면 솔직히 조금 당황스럽긴 해.

---

*르네상스: 14~16세기 이탈리아를 중심으로 일어난 문화 운동.

특히 오른쪽 아래에 앉은 사람의 얼굴을 보면 너무 제멋대로 그린 것 같다는 생각도 들어.

누구나 알고 있는 것처럼 사람의 얼굴은 3차원이야. 하지만 평면인 캔버스에 얼굴을 그리려면 어떻게든 2차원으로 표현해야 해. 보통 화가들이 사람의 얼굴을 그릴 때는 자기가 본 모습으로 그렸어. 앞에서 보면 앞모습, 옆에서 보면 옆모습을 그리지. 하지만 〈아비뇽의 처녀들〉에서는 한 사람의 얼굴에서 앞모습과 옆모습이 동시에 보여.

오랜 시간 동안 사람들은 '거의 똑같이, 최대한 정확하게' 그린 그림을 잘 그린 그림이라고 생각해 왔어. 화가들도 3차원인 대상을 보이는 대로 사실적으로 2차원으로 옮기는 것이 진리이고 그림의 본질이라고 생각했지.

그런데 19세기에 들어서면서 이러한 생각이 바뀌기 시작했어. 대표적인 화가들이 인상파야. 인상파는 세상을 있는 그대로 재현하는 것은 불가능하다고 보았어. 시시각각 빛과 함께 대상의 색채가 바뀌기 때문이지. 모네가 그린 〈수련〉 그림들을 본 적 있니? 호수 위에 핀 수련을 그렸는데 수련의 꽃잎이나 꽃봉 오리가 정확히 보이는 것은 아니야. 그렇지만 잔잔한 연못에 떠 있는 수련과 햇빛에 반사된 그림자가 어우러져 더없이 아름답지. 모네를 비롯한 인상파 화가들은 대상을 보이는 대로 정확하게 그린 건 아니지만, 시시각각 변하는 빛을 제대로 이해함으로써 대상을 정확하게 재현하고자 하는 열망을 갖고 있었어.

그런데 피카소는 인상파들과 전혀 다르게 생각했어. 화가는 세상을 있는 그대로 재현하는 것이 아니라, 세상을 보고 읽어 냄

으로써 파악한 의미를 그림에 담는 사람이라고 말이야. 보고 그리는 것보다는 화가의 '상상력'을 이용해서, 예를 들면 시점을 달리해 가면서 본 것을 그림에 표현하는 것이 화가의 일이라고 생각한 거야. 〈아비뇽의 처녀들〉은 바로 이런 상상력을 담은 그림이었지. 이 그림 이후에 화가들은 수백 년 동안 당연하게 생각해 온 미술의 관점을 완전히 바꾸게 되었어.

〈아비뇽의 처녀들〉을 보면 '먼 곳은 조그맣게, 가까운 곳은 크게'라는 원근법의 전통이 가볍게 무시되고 있어. 그림 속 시점(보는 사람의 방향)도 하나가 아니야. 앞에서, 옆에서, 위에서 본 모습이 한 캔버스 안에 뒤섞여 있지. 이렇게 인물을 기하학적으로 변형해서 3차원의 세계, 즉 입체적인 관점에서 표현한 거야.

어느 날 갑자기 그런 영감이 팍 떠오른 걸까요?

그렇지 않아.
피카소는 〈아비뇽의 처녀들〉을 그리기 위해 많은 연구를 했다고 해.

'3차원 이상의 공간은 어떻게 생겼을까? 4차원의 물체를 3차원이나 2차원으로 옮기려면 어떻게 해야 할까?'와 같은 고민을 하면서 수많은 습작으로 남기기도 했지. 1903년에 출간된 수학자 엘리 주프레의 『4차원 기하학 개론』 같은 책도 읽었다고 해. 눈에 보이는 것을 뛰어넘으려 했던 피카소의 고민과 노력이 예술사에 길이 남을 작품으로 탄생한 거지.

피카소를 생각하면 '상상력으로 새로운 예술을 창조했다.'는 말은 너무나 자연스럽게 들리기도 해. 화가와 상상력, 또는 예술가와 상상력. 이 둘은 참 잘 어울리고 사이좋은 친구처럼 보이니까. 그렇다면 과학은 어떨까? 과학자와 상상력, 상상력이 풍부한 과학자, 상상력으로 새로운 과학적 발견을 해낸 과학자, 이런 말을 해도 괜찮은 걸까?

어쩐지 안 어울리는 것 같고, 잘못된 표현 같다는 생각도 들 거야. 자, 이제 아주 상상력이 풍부했던 과학자들을 소개해 줄게.

갈릴레이는 '상상'을 했다

근대 과학은 상상력과 주관을 배제하고 이성에 의해서, 실험과 수학에 의해서 엄밀하게 자연을 관찰하고, 분석하고, 기록하는 것에서 출발했다고 알려져 있어. 그러니까 과학자에게 상상력이 필요하다고 말하면 '에이, 과학에 대해서 잘 모르긴 해도 그건 아닌 것 같아요.'라는 대답이 되돌아올 거야. 정말 그럴까? 17세기에 활동한 이탈리아의 과학자 갈릴레이 얘기를 해 줄게. 갈릴레이의 '관성의 법칙'을 들어 본 적 있니?

"정지해 있는 물체는 계속 정지해 있고 운동하고 있는 물체는 계속 운동한다."

갈릴레이가 이 법칙을 설명하기 전까지는 물체가 운동하기 위해서 계속 외부의 힘이 필요하다는 아리스토텔레스의 주장을 따르고 있었어. 그런데 갈릴레이는 어떤 이유에서 운동을 시작한 물체의 운동은 단지 그 운동을 지속적으로 하게 만드는 관성의 법칙을 따른 것으로 보기 시작했지.

앗! 이해가 안 돼요. 너무 어려워요.

최대한 쉽게 설명해 볼 테니 잘 들어 봐.

어떤 물체가 멈추지 않고 계속 운동하는 모습을 볼 수 있을까? 아니지. 실제로 우리가 보는 것은 운동하는 모든 물체가 결국 정지하는 거야. 굴러가던 돌은 언젠가 멈추고, 아무리 공을 멀리 던져도 언젠가 땅으로 떨어지니까. 그런데 갈릴레이의 관성의 법칙에 따르면 그렇지 않아. 갈릴레이는 '운동하고 있는 물체는 계속 운동한다.'고 말했거든.

갈릴레이가 이 법칙을 증명한 방법은 매우 독창적이었는데, 그릇 안에 공을 놓는 상황을 상상했어. 이 그릇은 마찰이 없는 아주 매끈한 표면으로 만들어진 그릇이야. 그래서 공을 놓으면 쭉 내려가서 반대편으로 같은 높이까지 갔다가 다시 내려와서 처음 위치까지 올라와. 다시 반대쪽 기울기를 조금 낮춰서 공을 굴려도, 공은 다시 원래 높이까지 올라오지. 이제 이 그릇의 반대쪽 면을 평평하게 만들어 보자. 공은 원래 위치에 올라갈 때까지 계속 굴러갈 거야. 그러니까 운동을 하는 데 어떤 외부의 힘도 필요가 없는 거지. 갈릴레이는 이러한 사고 실험을 바탕으로 '운동하는 물체는 계속 운동한다.'는 관성의 법칙을 이끌어 냈어.

좀 이상하다라고 느낀 사람 있니? 이상한 게 당연해. 이 실험은 실제로 가능한 실험이 아니니까.

이 실험이 가능하기 위해서는 평면에 마찰이 없어야 해. 그런데 마찰이 없는 평면은 지구상에 존재하지 않지. 마찰이 없는 평면은 바로 갈릴레이의 머릿속에만 수학적으로 존재할 뿐이거든. 다시 말하면 갈릴레이는 관성의 법칙을 만들기 위해서 그 법칙을 만족하는 공간을 상상해 낸 거야.

갈릴레이는 피사 대성당에 있는 탑 위에서 무거운 물체와 가벼운 물체가 동시에 떨어지는 것을 증명했다고 알려져 있어. 그런데 갈릴레이는 피사의 사탑에 올라가서 물체를 떨어뜨리는 실험을 한 적이 없단다. 실제로 책에서 갈릴레이의 낙하 법칙을 읽은 어떤 사람이 '말도 안 되는 소리, 내가 직접 실험으로 보여 주겠어!'라고 하면서 높은 탑에 올라가 가벼운 물체와 무거운 물체를 떨어뜨리는 실험을 여러 번 했어. 그럴 때마다 항상 무거운 물체가 먼저 떨어졌지. 결국 이 사람은 갈릴레이에게 당신의 이론은 엉터리라고 반박하는 편지를 썼단다.

당시 갈릴레이는 비판자의 편지에 이렇게 답장을 했어.

"당신의 말이 맞습니다. 그렇다고 당신의 실험이 내 이론을 틀렸다고 논박할 수 있는 것은 아닙니다. 왜냐하면 내 이론은 저항이 없는 공간에서 성립하기 때문이지요."

갈릴레이 실험의 비밀은 '마찰력이 없는 진공 상태', 즉 공기의 저항을 받지 않는 상태라는 조건에 있었어. 그리고 그 저항이

없는 공간은 갈릴레이의 머릿속에만 있었지.

　엄밀하게 말하자면 갈릴레이는 관성의 법칙이나 자유 낙하의 법칙을 '발견'한 것이 아니야. 이런 법칙은 자연에는 존재하지 않고 그렇기 때문에 찾을 수도 없지. 갈릴레이는 마찰이 없는 평면, 저항이 없는 공간을 상상함으로써 이런 법칙을 만들어 낼 수 있었어. 갈릴레이는 자신의 법칙이 만족되는 상황을 '창조'해 낸 거야. 바로 이 부분에서 갈릴레이의 위대함을 엿볼 수 있지.

> 갈릴레이의 가장 놀라운 독창성은
> 관성의 법칙을 만족하는 이상적인 평면을
> 상상해 냈던 데 있는 거야.

　입체를 상상해서 평면 위에 그린 피카소와 자신의 법칙을 증명할 수 있는 상황을 상상한 갈릴레이. 두 사람이 참 많이 닮은 것 같지 않니?

가장 천재적인 과학자 뉴턴

천동설은 태양, 달, 별, 모든 행성은 지구를 중심으로 돈다는 이론이야. 지금으로부터 2천 년도 더 전에 살았던 그리스의 천문학자 프톨레마이오스가 주장한 이래 사람들은 자그마치 1500여 년 동안 이 이론을 굳게 믿어 왔지. 그런데 1543년 코페르니쿠스가 우주의 중심에는 태양이 있으며, 지구를 포함한 여러 행성이 태양 주위를 돌고 있다는 지동설을 주장했어.

케플러는 지동설에서 한 걸음 더 나아가 행성들이 태양을 타원의 모양으로 돈다는 것을 밝혔지. 과학자들은 행성이 타원으로 태양의 주위를 돈다는 사실은 받아들였지만, 행성이 왜 타원운동을 하는지는 여전히 알아내지 못했어. 케플러 이후에도 많은 학자가 이 문제를 해결하려고 애썼지. 이 문제를 증명한 사람이 바로 뉴턴이란다. 뉴턴은 태양 주위를 도는 행성이 타원 궤도를 그린다는 케플러의 법칙에 입각해서 중력 법칙을 발견했어. 그리고 그 역도 증명했어. 어떤 물체가 다른 물체의 주위를 타원의 궤도로 돈다면, 둘 사이 거리의 제곱에 반비례하는 '힘'이 존재한다는 거지. 이 '힘'이 바로 만유인력이야.

그런데 뉴턴은 지구와 태양 사이에 존재하는 만유인력을 어떻게 찾아냈을까? 뉴턴의 만유인력을 얘기할 때는 으레 떠오르는 게 있지. 바로 사과나무야. 사과가 땅으로 떨어지는 것은 '중력' 때문이지. 오늘날 우리는 중력이 실제로 있다고 믿고, 중력이 없으면 우주로 날아간다고 배워.

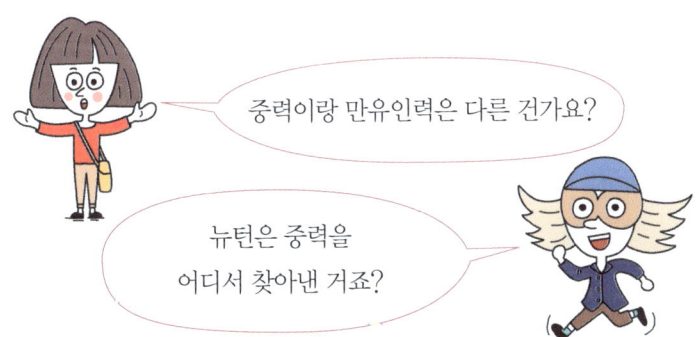

중력은 피카소의 〈아비뇽의 처녀들〉이나 갈릴레이의 실험 공처럼 눈에 보이는 게 아니야. 그래서 이것에 대해 설명하기도, 그 설명을 이해하기도 쉽지 않지.

뉴턴의 중력 이야기를 하기 전에 아인슈타인부터 잠깐 만나 볼까? 아인슈타인은 뉴턴을 뛰어넘어 일반 상대성 이론을 발표했어. 일반 상대성 이론에 따르면 뉴턴이 말했던 (지구 중심에서) 끌어당기는 중력은 존재하지 않는단다. 일반 상대성 이론에 의하면 태양이 우주 공간에 놓이면 태양 주위로 공간이 휘게 돼. 넓게 펼쳐진 침대보에 무거운 쇠구슬을 놓으면 침대보가 푹 들어가는 것처럼 말이야. 지구는 그 휜 공간을 따라서 자연스럽게 움직이는데, 이 궤도가 바로 뉴턴이 증명한 타원 궤도란다. 아인슈타인의 일반 상대성 이론에 의하면 이 궤도는 뉴턴의 계산과는 아주 조금 다르긴 해. 아무튼 지구가 우주에 놓이면 지구 주변의 공간이 휘고, 그 휜 공간을 따라 사과가 운동을 하지. 이것이 바로 사과의 낙하야. 우리는 그 현상을 보고 중력이라고 말하는 거지.

이해하기가 쉽지는 않을 거야. 하지만 이 책에서 너희들이 꼭 알았으면 하는 건 바로 이거야.

> 뉴턴의 위대함은 중력의 법칙을 찾아낸 게 아니라,
> 중력의 법칙이 발견되는 조건을
> 만들어 낸 데 있어.

 뉴턴이 만들어 낸 수학적 공간에는 두 물체밖에 없다는 것에 주목할 필요가 있어. 뉴턴은 마치 갈릴레이가 관성의 법칙을 만족하는 공간을 상상해 냈듯이 두 물체 사이에 작용하는 만유인력을 도입해서 케플러의 법칙을 증명한 거야.

 실제 우주 공간에는 지구와 태양만 존재하는 게 아니라 다른 행성들, 위성들, 소행성들이 존재하고 서로에게 영향을 미치고 있단다. 그렇지만 뉴턴은 다른 것들은 다 없다고 가정하고, 태양과 지구라는 두 개의 물체만 생각한 거야. 이런 상태에서 두 물체 사이에 끌어당기는 힘인 중력, 즉 만유인력을 발견한 거지.

 어때? 갈릴레이와 뉴턴의 이야기를 듣고 보니 과학이 꼭 예술처럼 새로운 개념, 새로운 존재를 만드는 활동이라고 생각되지 않니?

예술적 상상력+과학 기술=백남준

1984년 1월 1일, 놀랍고도 이상한 텔레비전 쇼가 방송되었어. 뉴욕, 샌프란시스코, 파리, 베를린, 서울을 인공위성으로 연결한 생방송 프로그램인데, 프랑스 가수가 샹송을 부르고, 미국의 현대 음악가가 연주를 하고, 세계적으로 유명한 배우가 탭 댄스를 추고, 화가인 살바도르 달리가 나와 축하 인사를 했지. 뉴욕과 파리의 무대에서 팝 가수, 무용가, 시인, 화가, 작가 등 다방면의 예술가들이 참여한 퍼포먼스가 실시간으로 생중계된 거야.

세계 곳곳으로 생중계된 이 텔레비전 쇼에 대한 반응은 폭발적이었어. 전 세계 사람들이 정말 깜짝 놀랐지.

왜요?
어떤 점 때문에 그렇게 놀랐나요?

하하, 지금이라면 전혀 놀랄 일이 아니지. 요즘에는 유튜브 같은 영상 플랫폼을 통해서 자기 방에서 찍어 올린 동영상을 전 세계 사람들이 다 볼 수 있으니까 말이야.

하지만 이 프로그램이 방송된 1984년에는 '기술적으로' 그런 일이 불가능했단다. 한 지역이 아니라 동시에 둘 이상의 지역에서 생방송으로 중계방송을 한다는 것은 상상할 수도 없었고, 설사 누군가가 그런 아이디어를 냈다고 해도 말도 안 되는 소리라고 했을 거야.

인공위성 예술의 대표적인 사례로 꼽히는 이 프로그램의 제목은 〈굿모닝, 미스터 오웰〉이고, 이 프로그램을 기획한 사람은 비디오 아티스트 백남준이란다.

사람들은 〈굿모닝, 미스터 오웰〉에 열광했어. 시간과 공간의 제약을 넘어 지구 반대편의 사람들과 동시에 공연을 즐길 수 있다는 사실에 경이로움을 느꼈지. 과학 기술에 대한 충격이라고 할까? 작품에 담긴 메시지는 더욱더 사람들의 마음을 사로잡았어. '오웰'이라는 이름을 우리는 앞 장에서 이미 살펴보았어. 바로 『1984』를 쓴 작가 조지 오웰이지. 『1984』에서 조지 오웰은 거리뿐 아니라 집 안 구석구석까지 설치된 텔레스크린으로 개인의 감정과 은밀한 사생활까지 통제하고 감시하는 사회를 그려 냈지.

하지만 백남준은 미스터 오웰에게 '굿모닝!'이라고 인사하며 유쾌한 텔레비전 쇼를 보여 주었어. 마치 이렇게 말하는 것 같았지.

"조지 오웰, 당신이 예측한 미래는 오지 않았고 우리는 아직 잘 살고 있어요. 이제 텔레비전은 당신의 텔레스크린처럼 자유를 억압하는 게 아니라 자유를 표현하는 수단이 될 거예요."

실제로 백남준은 텔레비전 브라운관이 미술의

기본 도구가 될 수 있다며 비디오를 이용한 작품을 끊임없이 만들었어. 백남준의 비디오 예술은 과학 기술이 발전함에 따라 예술의 영역도 확대될 수 있다는 가능성을 열어 주었고, 시간이나 공간의 제약을 넘어 다른 문화권에 사는 사람들도 서로 적극적으로 소통할 수 있다는 것을 보여 주었지.

백남준은 대학에서 현대 음악과 미술을 전공했지만, 다시 태어나면 물리학자가 되고 싶다고 여러 번 말했을 만큼 과학에 관심이 많아어. 새로운 예술을 선보이기 위해 전자 회로 관련 기술도 직접 공부하고 컴퓨터 프로그래밍으로 작품을 만들기 위해 벨 연구소에 가서 코딩까지 해 보았다고 해. 나는 이렇게 엄청난 상상력을 지닌 백남준이 과학자가 되었다면 갈릴레이나 뉴턴처럼 세상을 깜짝 놀라게 할 과학 법칙을 발견하지 않았을까 하는 상상도 해 본단다.

백남준이 과학적인 상상력을 가진 예술가라면, 반대로 예술적인 상상력을 가진 과학자를 소개할게.

1906년에 노벨상을 받은 산티아고 라몬 이 카할은 근대 신경 과학의 아버지라고 불리는 뇌 과학자야. 특히 라몬 이 카할은 교과서에 실릴 만큼 정확도가 뛰어난 뇌 신경 세포 그림으

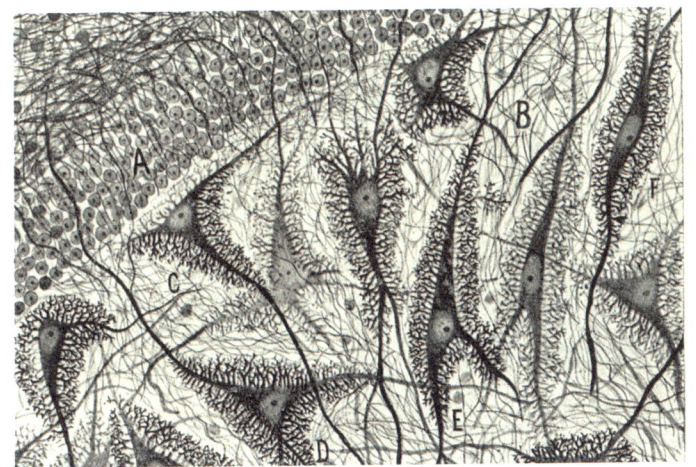

라몬 이 카할이 그린 뇌 신경 세포

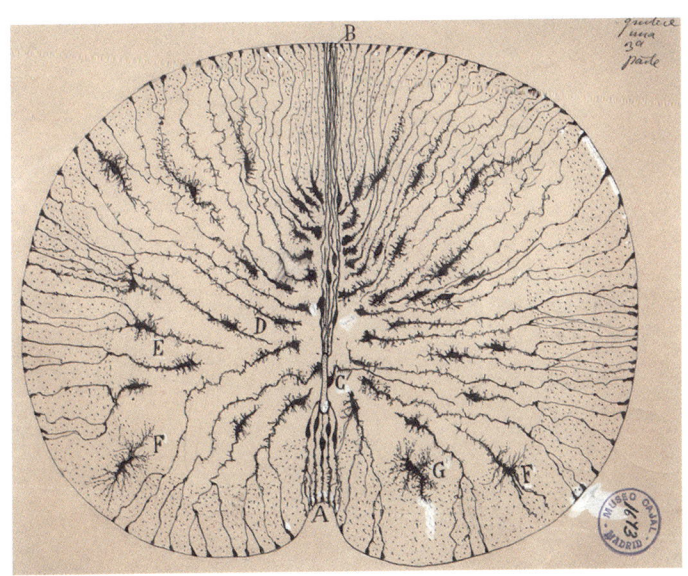

라몬 이 카할이 그린 생쥐의 신경 세포

로 유명해.

그런데 이 그림은 사실 눈으로 보고 그린 것이 아니란다. 뇌세포는 3차원 구조이기 때문에 이 그림처럼 선명하게 2차원적으로 볼 수 없어. 카할의 말에 따르면 뇌세포를 충분히 관찰한 뒤에 어느 순간 머릿속에 떠오른 뇌세포의 전체적인 모습을 상상해서 그렸다고 해.

과학도 예술과 마찬가지로 인간이 하는 창의적인 활동이야. 창의적인 업적은 많은 지식을 습득하고 이를 토대로 다른 사람이 하지 못했던 새롭고 혁신적인 것을 만들어 냄으로써 얻을 수 있어. 분명한 것은 이를 위해서는 이성과 상상력이 합해져야 한다는 거야.

야코뷔스 헨드리퀴스 판트호프라는 첫 노벨 화학상 수상자는 과학자이기도 했지만 플루트 연주자, 시인, 예술가이기도 했단다. 그는 자신의 예술적 기질에 대해서 관심을 갖다가 과학자 중에서 예술과 관련 있는 일을 했던 사람이 얼마나 있나 찾아봤다고 해. 그 결과는 어땠을까? 과학자 중에서 자신과 비슷한 사람들을 200명 정도나 찾았다고 해.

『생각의 탄생』이라는 책으로 잘 알려진 역사학자 미셸 루트번

스타인도 노벨상 수상자를 연구한 적이 있어. 일반 과학자 그룹과 비교했을 때 노벨상 수상 과학자들 중에서 사진을 하는 사람은 2배, 음악을 하는 사람은 4배, 미술은 17배, 공예는 15배, 작가는 25배, 무용을 하는 사람은 22배 정도 그 수가 더 많았다고 해. 실제로 노벨 과학상 수상자들은 거의 대부분 한 가지 예술에 전문가적으로 깊게 몰입했던 사람들이었다고 하니까, 창의적인 과학자일수록 예술을 병행하는 사람이 많다는 거지. 이런 사실을 알게 될수록 과학도 예술 못지않게 상상력과 창의성이 필요한 활동이라는 걸 분명히 느끼게 돼.

교수님이 가장 존경하는 학자는 누구인가요?

20년 전에 이 질문에 대답해야 했다면 '패러다임'과 '과학 혁명' 개념을 처음 제시한 토머스 쿤이라고 답했을 거야. 쿤은 과학사, 과학철학, 과학기술학을 학문으로 주목받게 만든 가장 중요한 학자였어.

그런데 지금의 나는 2022년에 타계한 브뤼노 라투르라고 답하겠어. 라투르는 과학기술학의 핵심 이론 중 하나인 행위자 네트워크 이론을 창시하고, 우리가 사는 사회가 인간만으로 구성된 것이 아니라, 기술이나 세균 같은 비인간들의 연합체로 구성되어 있다는 주장을 했지. 라투르 이전의 철학자들과 사회 과학자들은 하나같이 인간에만 주목을 했어. 인간의 본질이 무엇인지, 인간이 동물이나 기계와 다른 어떤 본성이 있는지, 인간이 모여 만든 사회의 특징은 무엇인지를 고민했지.

그런데 라투르는 인간만을 생각해서는 안 된다고 주장했어. 그는 과학 기술이 비인간을 길들여서 인간과 비인간의 새로운 연합을 만드는 활동이라고 주장했고, 사회는 인간만으로 이루어진 것이 아니라

인간과 비인간의 네트워크로 이루어졌다고 주장했지.

지난 10년간 라투르는 이런 새로운 세계관을 기후 위기를 이해하고 이를 극복하는 데 적용했어. 그는 기후 위기에 대한 수업을 개설하고, 전시를 하고, 워크숍을 조직하고, '가이아(Gaia)'라는 개념을 사용해서 기후 위기의 심각성을 널리 알렸지. 지금 그는 세상을 떠났지만, 위기의 시대에 그의 사상은 점점 더 중요해지고 있어.

5장 인간과 과학의 크로스

- 로봇은 인간의 친구
- 인간을 공격하는 로봇
- 기계가 '생각'을 하기 시작했다
- 로봇 3원칙

로봇은 인간의 친구

로봇이 있으면 같이 게임하면서 놀 거야. 방 청소도 시키고.

로봇이 네 말을 고분고분하게 들을까?

앞으로 우리가 어떤 로봇과 함께 살게 될지 생각해 보는 것도 재미있을 것 같구나.

공부도 꽝, 운동도 꽝에 특기는 낮잠 빨리 자기, 좋아하는 것은 뒹굴뒹굴 게으름 피우기인 노진구에게 어느 날 놀라운 일이 일어났어. 별 볼 일 없는 노진구의 미래를 멋지게 바꿔 주기 위해 22세기에서 로봇이 찾아온 거야. 서랍 속에서 튀어나온 도라에몽은 그렇게 노진구의 친구이자 가족이 되었어. 1969년 처음 세상에 나온 〈도라에몽〉은 지금까지도 꾸준히 인기를 누리고 있는 만화란다.

로봇은 자동으로 일을 할 수 있도록 만든 기계, 즉 기계 장치를 말해. 대개 만든 사람이 시키는 일을 하도록 설계되어 있지. 특히 방사성 물질이나 유독한 화학 물질을 취급하는 곳, 재난 현장이나 폭발물을 수색하는 곳, 너무 덥거나 추운 곳 등 인간의 생명이 위험한 곳에서는 로봇이 꼭 필요해.

로봇 중에서도 인간과 비슷하게 생긴 로봇, 그러니까 인간처럼 머리가 하나에 팔과 다리가 둘씩이고, 앞에서 봤을 때 좌우가 대칭이고 직립 보행을 하는 로봇을 '휴머노이드 로봇'이라고 해. '안드로이드'라는 것도 있어. 안드로이드는 인간과 똑같이 생긴 로봇을 말해. 겉으로 보기에는 인간인지 로봇인지 구별할 수가 없어. 주로 SF 소설이나 영화에 나오는데 '인조인간'이라고 해.

'사이보그'라는 말도 들어 보았지? 사이보그는 신체 일부를 기계로 대체한 인간을 뜻해. 그러니까 로봇과 안드로이드는 기계지만, 사이보그는 인간인 거지.

사이보그는 사이버네틱스(cybernetics)*와 오가니즘(organism)* 이라는 두 단어를 합성한 말인데, 1960년 클라인과 클라이니스라는 두 명의 과학자 덕분에 탄생했단다. 두 사람은 미항공우주국의 우주 개발 프로젝트에서 어떻게 하면 사람이 우주에서 살 수 있을지를 연구하고 있었어.

중력이 작용하지 않는 우주 공간에서는 인간의 신체에 많은 변화가 일어나. 근육을 쓸 일이 거의 없어서 매우 빠르게 근육이 약해지지. 그리고 낮과 밤의 구별이 없기 때문에 수면 문제를 겪기 쉬워. 또한 극단적인 온도 차이에 적응해야 하는 등 우주에서 건강하게 생존하기 위해서는 여러 가지 기계 장치의 도움을 받아야 하지.

* **사이버네틱스**: 생명체와 기계의 합체를 연구하는 학문.
* **오가니즘**: 생명체 또는 유기체.

클라인과 클라이니스는 여러 가지 연구를 했어. 어떻게 하면 우주인들이 불편하지 않게 활동할 수 있을까? 매일매일 해야 하는 테스트를 더 효율적으로 할 수는 없을까? 그러다가 어떤 아이디어 하나가 떠올랐어.

'인간과 기계를 결합하면 어떨까? 인간의 몸에 아예 기계 장치를 다는 거야.'

두 과학자는 자신들의 아이디어를 구체적으로 보여 주기 위해 살아 있는 쥐로 실험을 했어. 두 사람은 연구 결과를 〈사이보그와 우주〉라는 논문으로 발표했고, 얼마 뒤 〈라이프〉라는 미국의 시사 잡지에도 실렸지. 특집 기사의 제목은 '우주에서 살 수 있게 다시 만들어진 인간'이었어. 쥐에 장착한 장치처럼 다양한 기계 장치를 인간의 몸에 달 수 있다면, 우주라는 극한적인 환경에서도 우주인들이 안전하게 우주 활동을 수행할 수 있을 거라는 희망적인 메시지를 담고 있었지.

그런데 이 특집 기사를 본 사람들은 깜짝 놀랐어. 우주인의 모습이 상상했던 것과 너무나 달랐기 때문이야. 몸에 착 달라붙은 얇은 우주복을 입은 사이보그 인간은 목에 전기 장치를 달아서 입을 열지 않고도 성대의 떨림으로 대화할 수 있고, 식사는 농축

된 음식을 혈관에 주입하는 것으로 대신하며, 배설물은 다시 걸러서 음식으로 재사용하는 모습이었어.

'이게 인간이라고? 이건 노예잖아!'

사람들이 상상하고 기대했던 우주인은 미지의 세계를 찾아 나서는 낭만적인 우주여행의 주인공, 모험과 용기를 갖고 도전하는 인간이었던 거야. 화가 난 사람들은 잡지사에 항의 편지를 보내고, 〈라이프〉 잡지사에서는 이를 해명하는 추가 기사를 내기도 했지. 예상치 못한 반응도 있었지만 사람들은 사이보그에 대해 알게 되었고, 사이보그를 상상할 수도 있게 되었어. 그로부터 10년 후 『사이보그』라는 제목의 SF 소설도 나왔지.

『사이보그』의 주인공 스티브는 추락 사고로 두 다리와 오른쪽 팔, 왼쪽 눈을 잃은 후, 특별한 수술을 받고 나서 미공군 특수수사국의 비밀 요원이 돼. 빠른 다리와 강한 팔, 원격 감시가 가능한 눈을 지니게 된 스티브가 여러 비밀 작전을 성공적으로 수행하는데, 소설이 워낙 인기가 많아 〈600만 불의 사나이〉라는 드라마로도 만들어졌지.

'도라에몽'과 '600만 불의 사나이'는 태어난 나라도 다르고 생긴 모습도 다르지만, 이들의 공통점은 착한 로봇, 착한 사이보그라는 거야. 인간을 도와주고 나쁜 사람들을 물리치는 인간의 영웅이지.

그런데 모든 로봇이 이렇게 착하지는 않아. 사람보다 더 끔찍한 악당 로봇, 인간을 공격하는 로봇도 있단다. 이제 그 이야기를 해 줄게.

인간을 공격하는 로봇

　인간을 공격하는 로봇은 체코 작가 카렐 차페크의 희곡 『R.U.R』에 처음 등장해. 『R.U.R』은 '로섬 유니버셜 로봇(Rossum's Universal Robots)'의 줄임말로, '로섬 씨의 만능 로봇'이라고 할 수 있어. 로봇이라는 말은 바로 이 작품에서 처음 나왔는데, 체코어로 '노동'을 뜻하는 단어 '로보타(robota)'에서 따왔다고 해. 줄거리를 잠시 살펴볼까?

1막: 로섬 유니버셜 로봇 회사가 만든 로봇들은 생긴 모양이 모두 똑같다. 힘도 세고 지능도 있어서 사람이 시키는 일을 아주 잘하는 충실한 하인이다.

2막: 10년이 지난 후, 진화한 로봇은 단순한 기계가 아닌 영혼을 가진 존재가 되었다. 로봇 군대들이 반란을 일으켜 인간을 공격하고, 로봇들끼리도 전쟁을 일으켜서 세상은 멸망할 위기에 놓인다.

3막: 인간 중에서 유일하게 살아남은 로봇 회사의 직원 알퀴스트는 로봇이 아이를 낳을 수 있게 개조해 달라는 명령을 받는다. 하지만 알퀴스트는 로봇이 서로 사랑하는 것을 발견하고 이미 이런 능력을 갖고 있음을 알게 된다. 그래서 로봇에게 지구의 주인 자리를 양보한다.

과학 기술의 발달이 오히려 인류를 망하게 했네요?

맞아. 이 작품은 제1차 세계 대전이 끝난 직후 유럽의 암울한 분위기와 공포심을 담고 있지.

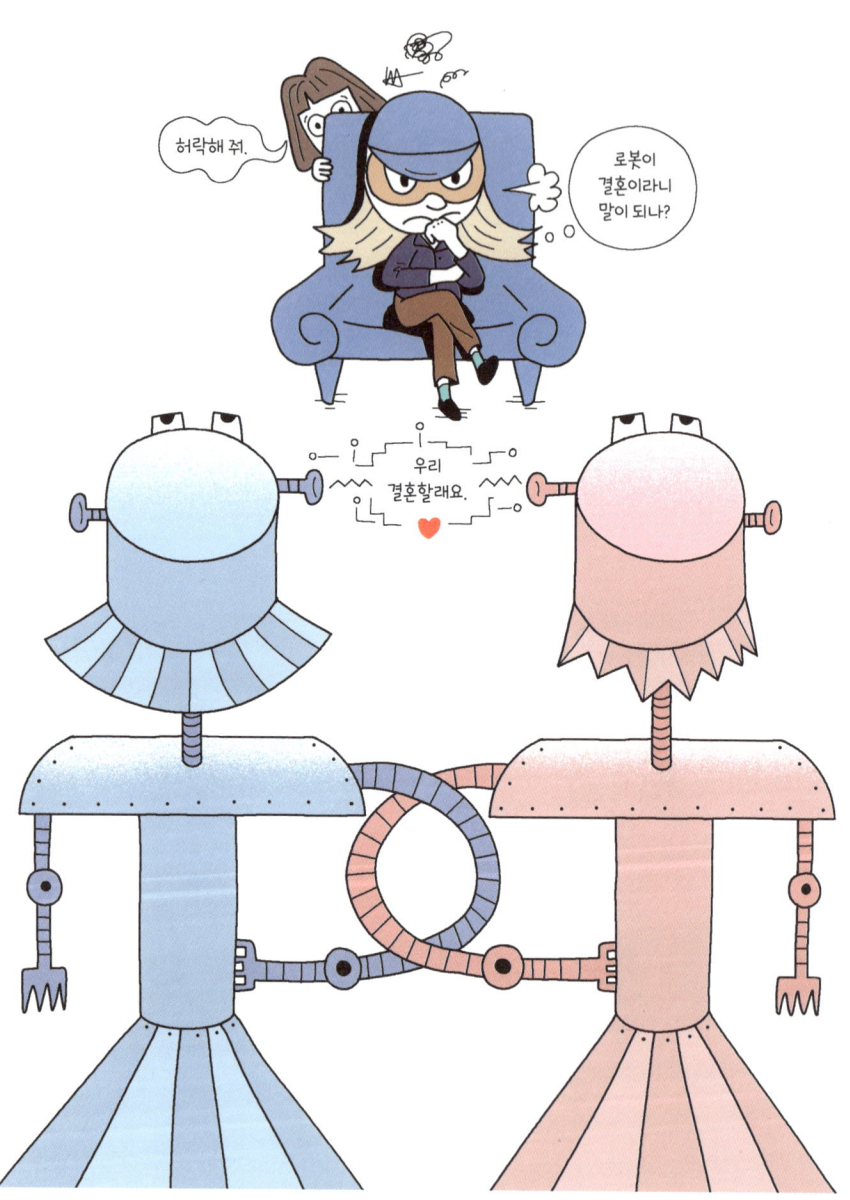

그런데 처음에는 인간을 위해 충실하게 일하도록 만들어진 『R.U.R』의 로봇들은 왜 반란을 일으키게 되었을까? 『R.U.R』에는 로봇을 노예처럼 부리면 안 된다고 주장하는 로봇 해방 운동가들이 나와. 로봇 해방 운동가인 헬레나는 감정이 없이 묵묵히 일하는 로봇이 불쌍해서 로봇이 인간의 마음을 가졌으면 좋겠다고 생각해. 로봇이 인간과 같아지면 인간을 이해하게 되고, 인간을 미워하지 않게 될 거라는 거지. 그리고 이 생각을 알게 된 로봇 제작자 갈 박사가 이런 헬레나의 생각을 로봇에게 주입시키면서 로봇은 단순한 기계가 아닌 다른 존재가 된 거야.

『프랑켄슈타인』과 마찬가지로 『R.U.R』에서도 인간이 만든 대상이 결국 인간의 손으로 제어할 수 있는 영역을 넘어서게 돼. 그런 의미에서 이 소설을 『프랑켄슈타인』의 20세기 버전이라고 보는 해석도 있단다.

『R.U.R』에서 로봇을 창조한 두 사람의 이름(로섬 시니어, 로섬 주니어)은 체코어로 이성과 지능을 뜻하는 '로줌(rozum)'과 발음이 같아. 주인공의 이름 '도민'은 라틴어로 '신'을 의미하는 '도미누스(dominus)'에서 따온 거지. 작가가 등장인물의 이름을 정할 때 어떤 의도를 갖고 있었는지를 알 수 있어.

두 작품에서 다른 점은 로봇을 만든 동기야. 프랑켄슈타인 박사는 창조자처럼 직접 생명체를 만들어 생명의 비밀을 파헤쳐 보고 싶다고 했어. 『R. U. R』에서는 인간 대신 일하는 존재, 즉 노예를 만들고 싶다는 욕망으로 로봇을 만들었지.

『프랑켄슈타인』에서 『R. U. R』까지 100년의 시간이 흐르는 동안, 과학 기술이 인간의 의도대로 발전하지는 않았어. 『R. U. R』이 세상에 나온 지 다시 100여 년이 지난 지금, 인간이 만든 기계는 어떤 모습일까?

기계가 '생각'을 하기 시작했다

'로보캅'은 SF 영화에서 아주 유명한 사이보그 중 한 명이야. 로봇(robot)과 경찰(cop)의 합성어인 로보캅은 말 그대로 로봇 경찰이야. 주인공인 알렉스 머피는 원래 경찰이었는데, 갱단에게 살해당한 후 사이보그로 재탄생, 로봇 경찰로 활약하게 돼. 이름이 로보캅이라 로봇으로 오해받기도 하지만, 사실은 인간이지.

빠르고 힘센 체력에 사격은 백발백중, 총을 맞아도 죽지 않는 로보캅은 인간 경찰과는 비교할 수 없는 뛰어난 능력으로 범죄를 진압해. 그런데 문제가 한 가지 있어. 로보캅으로 만들어질

때 머피의 뇌에 남아 있던 기억은 대부분 지워졌는데, 일부의 기억이 남았던 거야. 과거의 기억을 떠올린 로보캅은 '나는 누구지? 인간? 아니면 기계?'라며 혼란스러워하지.

애니메이션 〈공각기동대〉에 나오는 사이보그는 자신도 인간처럼 마음이나 정신이 있는 존재인지를 고민해. 〈공각기동대〉의 주인공인 특수 공작원 구사나기 소령은 뇌의 일부분을 제외하고 몸 전체를 기계로 대체한 사이보그야.

구사나기는 인형사라는 악당 해커를 추적하는 임무를 맡고 있어. 인형사는 인간도 기계도 아닌 프로그램이야. 흥미로운 장면은 인형사가 정보국에 망명을 요청하는 부분이야. 컴퓨터 프로그램 주제에 어떻게 인간처럼 망명을 하느냐고 하자, 인형사는 인간도 결국은 DNA 속에 있는 정보가 또 다른 정보를 만들기 위해 거치는 매개물에 불과하다고 주장해. 인간이라는 존재도 결국은 프로그램이라는 말이지.

영화의 제목인 '공각기동대: 고스트 인 더 셸(Ghost in the Shell)'에서 공각기동대란 '공격용 특수 복장을 한 기동대'를 뜻해. '고스트 인 더 셸'이라는 부제는 껍질 속의 영혼, 즉 사이보그로 개조되었으나 그 안에 영혼이 담겨 있는 인간을 의미하지.

이 영화를 보고 나면 과연 인간이란 무엇인가를 고민하게 될 거야.

미래에 만약 인간의 두뇌를 만들 수 있게 되면, 그 생명체도 인간이라고 할 수 있을까요?

영화 〈블레이드 러너〉를 보면 그런 궁금증이 점점 더 강해질 거야. 〈블레이드 러너〉의 배경은 핵전쟁이 휩쓸고 간 가까운 미래의 미국 로스앤젤레스야. 복제 인간을 폐기하는 임무를 맡은 특수 경찰 릭 데커드가 주인공이지.

지구가 파괴되고 인구가 증가하자 인간들이 다른 행성으로 이주하기 시작해. 복제 인간 제조사인 타이렐사는 인간과 구별이 안 되는 복제 인간 노예를 만들어 행성에 보내. 복제 인간은 인간 같은 지능을 갖고 있고 신체적인 능력도 뛰어나. 하지만 수명이 단 4년뿐이지. 그런데 이 중 6명의 복제 인간이 반란을 일으킨 후 지구로 잠입해. 4년으로 설정된 자신들의 짧은 수명을 늘리고자 지구를 찾은 거야. 이 복제 인간을 찾아서 없애는 임무

를 '블레이드 러너'라는 전 특수 경찰 데커드가 맡게 돼.

블레이드 러너는 어떻게 인간과 복제 인간을 구분할까? '보이트-캄프' 테스트라는 것을 해. 복제 인간을 제작할 때 심어진 기억은 가짜 기억이기 때문에 감정과 자연스럽게 연결되지 않아. 그래서 복제 인간이 부자연스러운 감정으로 반응하면 처형하는 거야. '처형'이 아니라 '은퇴시키는 것'이라고 표현하면서 말이야. 그런데 인간과 거의 똑같은 감정을 느끼는 복제 인간을 만들고는 4년이라는 제한된 수명을 정해 놓고 노예처럼 부린 뒤 죽이다니, 복제 인간으로서는 좀 억울하지 않을까?

영화의 마지막 장면은 데커드와 로이 배티의 결투야. 항상 죽음의 공포를 느끼며 살아온 로이 배티는 결투 중에 추락하는 데커드의 손을 잡아 살려 주고 스스로 죽음을 택해. 결국 사이보그가 인간보다 더 인간다운 면모를 드러낸 거지. 조금 다르다는 이유로 인간이 인간을 억압하는 일은 정당하지 않으며, 인간을 인간답게 만드는 것은 이기심이 아니라 세상에 대한 애정과 자비심이라는 사실을 깨닫게 하는 영화라고 할 수 있어.

로봇 3원칙

SF 소설가 아이작 아시모프는 로봇에 관한 아주 중요한 원칙을 생각해 냈어. 1942년에 발표한 『런어라운드』에 나오는 '로봇 3원칙'이야.

> 제1원칙, 로봇은 인간을 다치게 해서는 안 되며, 인간이 해를 입는 걸 그냥 지켜보고 있어도 안 된다.
> 제2원칙, 제1원칙에 위배되지 않는 한, 로봇은 인간의 명령에 복종한다.
> 제3원칙, 제1, 제2원칙에 위배되지 않는 한, 로봇은 스스로를 보호해야 한다.

아시모프는 이 원칙만 잘 지킨다면 로봇이 인간에게 해를 입히지 않을 거라고 생각했어. 정말 그럴까? 사람들은 이 원칙들을 지켜도 로봇이 인간에게 해를 입힐 수 있음을 찾아냈어. 예를 들어 나쁜 마음을 품은 외계의 지배자가 로봇에게 지구의 나무를 모두 베라는 명령을 내렸다고 가정해 볼까? 나무를 베는 것 자체는 사람을 해치는 일은 아니니까 로봇은 명령에 복종할 거야. 하지만 지구의 모든 나무를 베어 버리면 궁극적으로는 인간에게 큰 해를 끼치게 되지. 이런 문제 때문에 아시모프는 마지막 원칙을 만들었어.

"로봇은 모든 인류에게 해를 끼쳐서는 안 된다."

이 원칙을 로봇 제0원칙, 혹은 로봇 제4원칙이라고 해.

아시모프의 '로봇 3원칙'은 소설책에서 처음 등장했어. 그런데 실제로 2017년 유럽 연합 의회에서 아시모프의 로

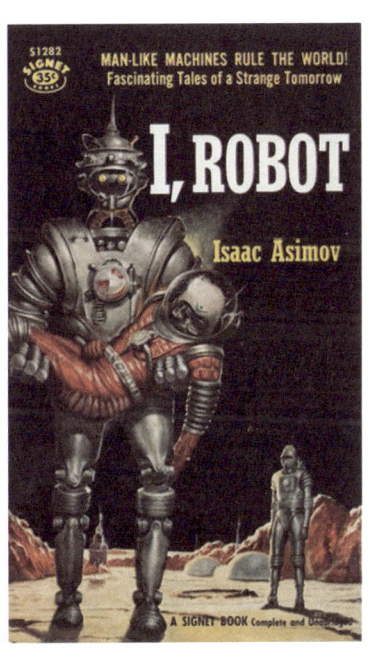

아이작 아시모프의 단편 소설 『런어라운드』가 실린 단행본 표지

봇 원칙을 담은 '로봇 민법 결의안'을 통과시켰어. 이 결의안에는 인공 지능(AI)이나 자율 주행 자동차, 드론, 돌봄용 로봇 등의 로봇에게 '전자 인간'이라는 특정한 법적 지위를 부여하는 것을 포함하여, 로봇의 권리와 의무, 로봇의 민법적 책임, 로봇 공학의 연구 윤리 등의 구체적인 내용이 담겨 있지. 물론 법적인 효력을 갖는 것은 아니지만, SF 소설에서 나온 내용이 기초가 된

법안이 등장했다는 사실만으로도 엄청 화제가 되었어.

당장 인공 지능 로봇에게 '전자 인간'과 같은 새로운 개념의 법적 지위를 부여하는 것에 대해 찬반 논란이 불붙었어. 법안에 찬성하는 쪽은 "앞으로도 인공 지능과 로봇으로 인한 피해가 발생했을 때 책임 범위를 명확하게 하려면, 로봇에게도 법적 지위가 필요하다."라고 주장했지. 반대하는 쪽은 "로봇 제조사가 법적 책임에서 벗어나도록 도와주는 나쁜 법안이다."라고 말해.

아시모프의 로봇 3원칙은 결코 완전하지 못했고, 로봇에 대한 규제 법안에 대해서도 아직 충분한 논의가 되지 않았어. 로봇이 얼마나 빨리 발전할지, 로봇이 인류에게 어떤 영향을 미칠지 모르겠지만, 인간과 로봇이 함께 사는 세상이 코앞에 와 있다는 사실은 분명한 것 같아.

시간을 거슬러 60여 년 전으로 돌아가 볼까? 1964년 백남준은 일본인 엔지니어와 함께 전자 로봇 K456을 만들었어. K456은 백남준의 로봇 아트 초기 작품 중 하나인데, 두 발로 걸어 다니며 말을 하는 로봇이야. 물론 녹음된 테이프에서 흘러나오는 목소리였고 생긴 모습은 요즘의 멋진 로봇과는 비교도 할 수 없을 정도로 엉망진창이었지만, 존 F.케네디의 대통령 취임사를 말한다거나 첼리스트의 연주에 몸을 흔들며 리액션을 하는 등 귀여운 구석이 많아서 꽤 인기를 얻었어. 그런데 어느 날 뉴욕의 한 도로에서 공연을 하고 있던 이 로봇이 교통사고를 당했어. 소식을 듣고 몰려온 신문 기자들에게 백남준은 이렇게 대답했단다.

"이것이 21세기 과학 기술의 참사입니다. 우리는 지금 이 참사에 어떻게 대응해야 하는지를 배우고 있는 중입니다."

물론 이것은 미리 계획한 사고였어. 로봇을 친 자동차는 사실 백남준의 친구가 운전했고, 로봇이 교통사고를 당하는 것 자체가 일종의 행위 예술이었던 거야.

기계는 기계이고 인간은 인간이라고 생각하는 사람이라면, 백남준의 행위 예술을 이해할 수 없을 거야. 이날의 로봇 교통사고는 기계와 인간을 구분하지 않는 혁신적인 사고방식에서 출발했으니까.

어쩌면 로봇 교통사고 같은 일들이 가까운 미래에 실제로 일어날 수도 있어. 예를 들어 식당에서 음식을 나르는 로봇이나 택배를 배달하는 로봇이 지금보다 훨씬 지능이 발달한 인공 지능 로봇이 된다면 어떻게 될지 상상해 봐. 로봇이 사람과 부딪쳐서 사고를 낸다거나, 로봇을 해고했을 때 이에 불만을 품고 항의를 한다거나 하는 그런 상상 말이야. 어떤 모습일지는 모르지만 백남준은 기계와 더불어 사는 우리의 미래를 이미 내다보고 있었던 거야. 만약 백남준이 살아 있다면 유럽 연합 의회의 전자 인간 법안에 대해서 어떻게 생각하는지 묻고 싶구나.

과학 기술이 발전해도 로봇과 인간은 서로 사이좋게 지낼 수 있을까요?

똑똑한 로봇이 인간을 공격하거나 인류를 지배하는 이야기는 공상 과학 영화나 소설에서 많이 보았을 거야. 2014년 개봉한 영화 〈오토마타〉도 비슷한 내용을 다루고 있어. 이 영화의 배경은 2044년인데, 심각한 사막화로 인류는 멸종 위기에 처해 있고 겨우 살아남은 극소수의 인류는 인간형 로봇인 오토마타와 함께 살고 있지. 문제는 이 로봇들이 자기 몸을 스스로 수리하거나 다른 로봇을 개조하는 등 인류가 정한 규칙을 깨뜨리고 평화를 위협한다는 거야. 사실 이런 이야기들은 로봇을 만드는 과학 기술이 너무나 빠르게 발전한 나머지 인간의 통제를 넘어설 거라는 두려움에서 생겨났어.

실제로 로봇 기술은 놀랍도록 빠른 속도로 진화하고 있어. 내장된 프로그램에 맞춰 움직이는 로봇과 달리 인공 지능 로봇은 스스로 학습하고 발전하지. 언젠가는 인간의 뇌만 남고 몸 전체는 기계인 인공 지능 로봇이 나올 수도 있을 거야. 그러면 미래의 로봇들을 인간으로 보아야 할지 기계로 보아야 할지 고민하는 순간을 맞이하게 될지도

모르지.

하지만 이제 이런 고민을 두려워해서는 안 된다고 생각해. 만약 공상 과학 소설이나 영화를 보면서, 미래에 두려움을 느끼고 과학 기술에 흥미를 잃는다면 그건 정말 최악의 결론이야. 두려움은 실상을 보지 못하게 방해하거든. 과학 기술이 발전할수록 기술과 사회의 만남이 만들 위험과 가능성을 읽어 내는 일을 멈추면 안 돼. 우리는 어떤 미래를 선택할 것인가, 그 미래를 위해서 어떤 기술을 발전시킬 것인가에 대해 토론해야 하고, 그래야 인류와 로봇이 평화롭게 공존할 수 있는 방법을 찾아낼 수 있어.

어쩌면 그런 이야기들을 나누는 자리에 사이보그들과 인공 지능 로봇들을 초대할 수도 있지. 상상해 봐. 미래의 인공 지능 로봇들과 함께 우리는 사이좋게 지낼 수 있을까 하는 문제를 두고 토론하는 모습을 말이야.

6장 과학 기술과 인간의 미래

- 최초의 사이보그 인간
- 유전자를 가위로 자른다고?
- 과학기술학은 과학과 인간 사이에 놓인 징검다리

최초의 사이보그 인간

로봇이 점점 인간을 닮아 가는 것 같아요.

인간도 마찬가지야. 머지않아 진짜 사이보그가 될지도 몰라.

인간과 기계가 평화롭게 어울려 사는 세상을 상상해 보면 어떨까?

영국의 아티스트 닐 하비슨은 세계 최초의 사이보그로 인정받은 사람이야. 귀 뒤쪽에 색깔을 소리 신호로 바꿔 주는 전자 칩을 넣고, 머리뼈에 카메라가 달린 안테나를 심었기 때문이야. 하비슨은 태어날 때부터 색을 전혀 구분하지 못해서 사물을 보면 흑백 사진처럼 명암만 구별할 수 있었는데, 색깔을 소리로 바꿔 주는 장치를 달고 나서는 색깔을 '듣는' 사람이 되었어.

안테나를 이식한 닐은 '내 안테나는 신체의 일부분'이라며 안테나가 달린 사진을 여권용으로 제출했고 영국 정부에서는 이를 허가했어. 이것은 기계를 신체의 일부로 인정한 세계 첫 사례로, 닐은 공식적으로 인류 최초의 '사이보그 1호'가 되었단다.

사실 닐 하비슨보다 먼저 사이보그가 된 사람이 있어. 『나는 왜 사이보그가 되었는가』를 쓴 영국의 로봇 과학자 케빈 워릭이 바로 그 주인공이야. 1998년, 케빈 워릭은 '인간이 컴퓨터와 결합하면 무슨 일이 벌어질까?'라는 질문을 하고 이에 대한 해답을 찾기 위해 팔에 동전만 한 컴퓨터 칩을 이식했어. 이 컴퓨터 칩은 워릭의 연구실에 설치된 여러 인식 장치와 연결되어 있어서, 워릭이 가까이 가면 출입문이 자동으로 열리고 전등도 저절로 켜졌지.

4년 후, 워릭의 실험은 더 발전했어. 사람의 신경 신호를 직접 컴퓨터로 보내기 위해서 신경계에 컴퓨터 칩을 연결하기로 한 거야. 워릭은 자신뿐만 아니라 아내와 함께 신경에 컴퓨터 칩을 연결하는 수술을 받은 다음, 미국에서 영국에 있는 로봇에게 신호를 보내 움직이게 하는 등 몇 가지 실험을 했어. 그중에서도 놀라운 것은 워릭과 아내가 서로 감정을 공유하는 실험이야. 워릭은 고소 공포증이 있어서 높은 곳에 올라가면 공포감을 느끼는데, 그러한 신경 신호를 몸속 컴퓨터 칩을 통해 인터넷으로 아내에게 전송한 거야. 아주 초보적인 단계지만 몸 안의 칩을 이용해서 정보를 보내고 인식하는 의사소통을 한 셈이지. 왜 이런 일을 하느냐는 질문에 워릭은 이렇게 대답했단다.

"머지않아 인간보다 뛰어난 기계가 인간을 지배할 수도 있어요. 그러니까 인간은 기계를 넘어서는 방향으로 진화해야 합니다. 인간의 능력은 기술과 결합하면 더 뛰어나게 발달할 수 있어요. 이런 기술을 외면하고 보통 인간으로 남는다면 언젠가 기계의 지배를 받게 될지도 몰라요. 우리는 '업그레이드'되어야 합니다."

2017년 영국의 로봇 공학자 피터 스콧 모건은 온몸의 근육이 쇠약해지는 난치병 진단을 받았어.

길어야 2년 정도 더 살 수 있다는 말을 들은 피터는 자신의 몸을 기계로 바꾸기로 선택했어.

놀라운 결정이네요!

    교체 가능한 모든 장기를 기계로 바꾸는 수술을 받으면서 스스로 '사이보그 인간'이 된 거야. 우선 그는 몸이 완전히 마비되기 전에 위, 방광, 결장을 제거하고 튜브를 삽입하는 수술을 했어. 침이 기도로 넘어가서 질식하는 것을 막기 위해 후두를 절제하고, 눈동자를 움직여서 컴퓨터를 조절하기 위해 눈 수술도 받았지.

    후두를 절제하면서 목소리를 완전히 잃게 된 피터는 합성 음성으로 말할 수밖에 없었어. 하지만 IT 회사와 인공 지능 전문가들의 도움을 받아 아바타로 다시 태어났지. 얼굴 근육이 완전히 마비되기 전에 표정을 기록하고 목소리를 녹음한 뒤 컴퓨터 화면으로 인터넷을 통해 세계 여러 나라 사람들과 소통하며 유쾌하고 희망적인 메시지를 남겼지. 안타깝게도 모건은 2022년에 병이 악화되어 사망했지만, 그가 몇 년을 더 살았는지는 중요하지 않아.

피터 스콧 모건은 과학과 기술에 대해서 잘 아는 '과학자'이면서 동시에 과학 기술을 사용하는 '인간'이었어. 과학에 대한 그의 탐구심과 과감한 도전 정신을 지켜보면서 인간이 과학 기술을 어떻게 이용하며 살아가야 하는지를 고민하게 된단다.

유전자를 가위로 자른다고?

닐 하비슨의 안테나, 케빈 워릭의 전자 칩, 피터 스콧 모건의 장기를 대체한 기계. 이것은 모두 눈에 보이는 것들이야. 이번에는 눈으로 볼 수 없는 유전자에 대한 이야기를 해 줄게.

2017년 개봉한 영화 〈옥자〉에는 산골 소녀 미자와 함께 자란 거대한 돼지 '옥자'가 나와. 옥자는 글로벌 기업 미란도에서 유전자 조작 기술로 만든 슈퍼 돼지의 이름이야.

옥자는 무게가 5톤이나 되고, 미자와 섬세한 감정을 나눌 수 있으며 위험에 빠진 미자를 구해 줄 만큼 지능이 뛰어나지. 어느 정도는 영화적인 상상력이 더해진 캐릭터이지만, 유전자 조작 동물은 더 이상 영화 속의 이야기만은 아니란다.

2015년 한국과 중국의 공동 연구 팀이 만든 슈퍼 돼지가 공개되었어. 이 돼지는 보통 돼지보다 근육이 2배 이상 많은데, '유전자 가위' 기술로 만들었어. 유전자 가위란 유전자에서 원하는 부분을 잘라 낼 수 있는 기술을 말해. 슈퍼 돼지는 근육의 성장을 억제하는 마이오스타딘이라는 유전자를 잘라 내서 근육이 비정상적으로 커지게 만든 거야.

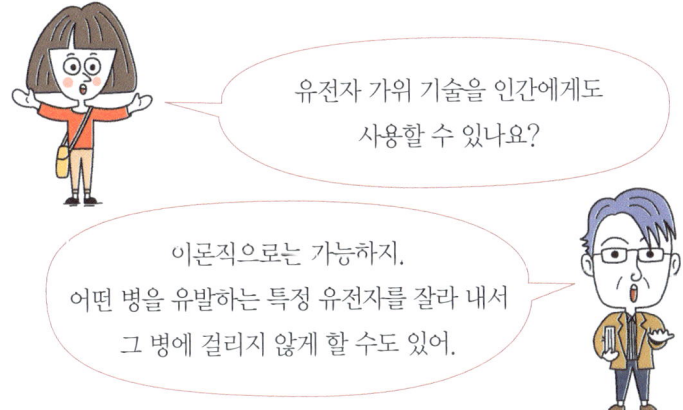

유전자 가위 기술을 인간에게도 사용할 수 있나요?

이론적으로는 가능하지. 어떤 병을 유발하는 특정 유전자를 잘라 내서 그 병에 걸리지 않게 할 수도 있어.

　과학자들은 유전자 가위 기술이 유전 질환을 치료하고 새로운 질병 치료 방법을 개발하는 데 도움이 될 거라고 말해.
　이런 유전자 가위 기술이 인간에게 적용된다고 상상해 볼까? 과학 기술이 지금보다 훨씬 발달해서 인간의 유전자 구성을 마음대로 바꿀 수 있는 세상이 된다면 어떻게 될까? 〈가타카〉는

바로 그런 미래를 보여 주는 영화야.

〈가타카〉에서는 '적격자'와 '부적격자'로 사람들의 계급이 나누어져 있어. 이 계급을 결정하는 것은 돈이나 권력이 아니라 바로 유전자야. 태어났을 때 받은 유전자가 자신의 신분을 결정하고 그게 평생 이어지는 거지. 그래서 상류층 사람들은 아이를 낳을 때 유전자 중에서 나쁜 유전 인자를 제거하고 우수한 유전 인자를 골라서 인공 수정으로 모든 조건이 완벽한 아이를 낳아.

〈가타카〉의 주인공 빈센트는 인공 수정이 아니라 자연스러운 임신 과정을 거쳐서 태어났어. 그런데 유전자 검사를 해 보니 선천적으로 심장이 약해서 심장병이 걸릴 확률이 높고, 눈은 근시가 될 것이고 예상 수명은 30세 정도라는 결과가 나왔어.

빈센트가 유전자 검사를 해서 질병의 확률을 알아내는 에피소드는 1997년 영화가 나왔을 때는 불가능했던 일이었어. 하지만 지금은 아주 간단해졌단다.

> 2003년 '인간 유전체 프로젝트'가 완성되어 인간이 가진 유전체의 모든 염기 서열을 해석할 수 있게 되었어.

1990년대 초반에는 한 사람의 유전체를 전부 확인하는 데 약 2조 원이 들었지만, 지금은 그 비용이 100만 원 정도에 불과해. 가격이 훨씬 저렴해졌지만, 검사 수준은 더 빠르고 정확해졌지.

빈센트는 자신이 유전적으로 '부적격자'임을 알지만, 심장병에 걸릴 확률보다는 심장병에 걸리지 않을 확률을 믿으며 살아가. 그리고 우주 비행사가 되겠다는 꿈을 이루기 위해 최고의 '적격자'만을 뽑는 우주 항공 회사에 속임수를 써서 취직하지. 정상적인 방법으로는 절대로 들어갈 수 없기 때문에 유전자를 사고파는 사람을 통해 우수한 유전자를 가진 사람의 신분을 사.

〈가타카〉 속 미래 사회는 유전 정보가 모든 것을 결정하는 사회야. 그런데 왜 그런 사회가 되었을까? 우선 유전 공학이 발달해서 검사 비용이 저렴해지고 검사 속도가 빨라졌기 때문이야. 게다가 사람들이 유전자 결정론을 굳게 믿었기 때문이지.

사회가 유전자 결정론을 무비판적으로 받아들인다면, 우리 사회의 미래는 〈가타카〉 속 세상처럼 될지도 몰라. 반대로 유전자 결정론에 대해 비판적인 시각을 갖고 유전자가 전부가 아니라는 입장을 가진다면, 유전자 결정론이 힘을 쓰기 힘든 사회가 될 수도 있지.

유전자 결정론은 유전자가 모든 것을 결정한다는 '믿음'에 불과해. 믿음은 사실이 될 수도 있고, 믿음으로 그칠 수도 있어. 빈센트처럼 유전적으로 약하게 태어났지만, 노력과 의지로 극복한 사람이 아주 많거든.

어릴 때 몸이 약해서 튼튼해지려고 운동을 시작했다가 올림픽에서 메달을 딸 정도로 훌륭한 운동선수가 된 사람들 이야기를 들은 적 있어요!

맞아. 도쿄 올림픽에서 동메달을 딴 몰리 세이델 선수도 강박 장애와 주의력 결핍 장애를 이겨 냈다고 해.

유전자가 우리의 미래를 결정하는 게 아닌 것처럼 우리 사회의 미래 역시 유전자 결정론이 지배하지 않아. 결국 우리의 미래는 우리가 만들어 나가는 거니까. 우리기 어떤 생가을 하고, 어떤 실천을 하고, 어떻게 사람을 대하는가에 따라 우리의 미래가 결정돼. 유전자 결정론에 휘둘리지 않는 것이 미래의 유전자 결정론적인 사회를 피할 수 있는 방법이라는 것, 그것이 〈가타카〉가 던지는 메시지가 아닐까?

과학기술학은 과학과 인간 사이에 놓인 징검다리

요즘은 사이보그라는 말보다 '트랜스휴먼'이라는 용어를 더 많이 사용해. 인간보다 훨씬 뛰어난 힘과 능력으로 개조된 인간을 말하지. 누구나 알고 있듯이 인간은 언젠가 죽는 존재야. 그래서 아주 오래전부터 사람들은 질병이나 장애, 노화나 죽음과 같은 인간의 한계를 넘어서는 존재를 꿈꾸었지. 수천 년 전 쓰여진 〈길가메시 서사시〉에는 영원히 사는 비결을 찾아 세상을 헤매는 길가메시가 등장하고, 르네상스 시대의 연금술사들은 영원히 살 수 있는 약을 만들고 싶어 했지.

20세기 이후에는 과학과 의학이 놀라운 속도로 발전하면서 트랜스휴먼에 대한 기대감이 나날이 높아지고 있어.

> 과학 기술을 이용해서 사람의 신체적,
> 정신적 능력을 개선하려는 생각을
> '트랜스휴머니즘'이라고 해.

트랜스휴머니즘을 따르는 사람들은 트랜스휴머니즘이야말로 인류의 가장 대담하고 풍부한 상상력을 구현하는 운동이라고 열광한단다. 반대로 트랜스휴머니즘은 이 세상에서 가장 위험한 생각이며 그런 생각으로 과학과 기술을 발전시켰다가는 인류가 디스토피아를 맞이할 거라고 말하는 사람도 있어.

과연 인간이 만드는 트랜스휴먼은 어디까지 발전할 수 있을까? 신체적 능력뿐만 아니라 정신적 능력도 인간을 훨씬 뛰어넘는 트랜스휴먼이 탄생할 수 있을까? 인공 지능을 연구하는 과학자들 중에는 머지않아 의식을 가진 지능체를 탄생시킬 수 있다고 믿는 사람들도 있어. 한술 더 떠서 똑똑한 사람들의 모든 지적 능력을 훨씬 더 뛰어넘는 '초지능 기계'가 나올 수 있다고 말한단다.

하지만 인간의 지능을 연구하는 뇌 과학자들은 인간이 아무리 뛰어난 인공 지능을 만든다고 해도 긴긴 진화를 뛰어넘는 초지능 기계가 탄생하는 것은 SF 영화나 소설 속 이야기라고 얘기해. 그래도 어쨌든 과학 기술은 계속 발전할 테니, 초지능 기계에 대한 마음의 준비는 필요하지 않을까?

초지능 기계에 대한 논의에서 재미있는 점은 인간이 중요하게 여기는 가치들을 초지능 기계는 조금도 중요하게 생각하지 않을 가능성이 높다는 점이야. 인간은 오랜 세월 동안 어울려 살면서 타인과 공감하고 서로 돕는 것이 중요하다는 것을 알게 되었지만, 초지능 기계는 인간과 같은 진화를 통해 발전하지 않았기 때문에 그런 가치들을 전혀 중요하게 생각하지 않는다는 거야.

예를 들어 인간을 다 죽이는 일이 우리 인간에게는 상상하기 힘들 정도로 비도덕적인 일일 수 있지만, 기계에게는 전혀 그렇지 않을 수 있어.

그래서 초지능 기계가 스스로 배우게 해서 인간 친화적으로 만들어야 한다고 말하는 학자들도 있단다.

과학자는 과학 기술에 대한 애정과 책임감이 있어야 하고, 인간과 세상에 대해 예민한 감수성을 가지고 있어야 해. 그래서 선생님은 트랜스휴먼에서 한발 앞서 나간 개념을 소개하고 싶어. 바로 '포스트휴먼'이야. 포스트휴먼은 인간과 과학 기술이 융합되어 나타나는 미래의 인간을 말해. 생물학적으로 존재하는 인간을 넘어서는 개념으로, 인간의 몸에 과학 기술과 기술 문명까지 아우르는 신인류라고 할 수 있어. 포스트휴먼은 인간이 인간이 아닌 존재들을 지배하거나 통제할 수 있다는 인간 중심적인 관점에서 벗어나 있어. 그 대신 '관계 맺기'를 중요하게 여기지.

과학 기술과 인간을 생각할 때, 사람들은 흔히 두 가지 이야기만 해. '과학 기술은 인간을 풍요롭게 한다.' 아니면 '과학 기술은 인간을 소외시킬 것이다.'라고 말이야. 이것은 매우 단순한 이분법적인 생각이야. 왜냐하면 과학 기술과 인간은 서로 떨어져 있는 존재가 아니거든. 그래도 선뜻 이 둘을 연결하기 어렵다면, 둘 사이에 징검다리가 있다고 생각해 봐. 과학 기술과 인간 사이에 징검다리를 놓아 보는 거야. 기계와 인간, 로봇과 인간, 사이보그와 인간, 초지능 기계와 인간……. 이렇게 과학 기술과 인간 사이에 징검다리를 놓다 보면, '과학 기술은 인간과 새로운

관계를 맺는다.'라는 새로운 생각을 만나게 될 거야. 과학 철학, 과학사, 과학 사회학 같은 과학기술학의 주제들이 바로 그런 징검다리 역할을 하는 거야.

나는 징검다리를 하루에도 수십 번, 수백 번씩 왔다 갔다 해. 다리는 튼튼한지, 쓰레기는 없는지, 혹시 어떤 사람이 이쪽에서 저쪽으로 돌을 던지고 있지는 않는지 늘 관심을 갖고 살펴보지. 이 징검다리에 너희들도 가까이 와 보면 좋겠어. 너희들과 함께 과학 기술의 진보를 겸손한 태도로 받아들이고, 과학과 인간이 어떻게 관계를 맺으며 진화하는지 지켜보고 싶단다. 그리고 인간이 세상의 중심이라는 생각에서 벗어나 인간과 동물, 인간과 자연, 인간과 우주로 눈을 돌려 더 먼 곳까지도 함께 바라보면 좋겠어.

과학 기술에 대한 자신만만한 태도를 버리고 과학 기술과 인간의 관계를 잘 만들어 간다면, 우리의 미래는 우리가 꿈꾸는 방향으로 발전할 거야.

기술이 발전하면 인류는 지금보다 행복해질까요?

내가 연구하는 과학기술학은 과학 기술의 역사를 공부하는 학문이야. 과학의 역사를 살펴보면 과학 기술이 사회에서 어떻게 성공하고 실패했는지, 처음엔 시시하게 평가되었던 기술이 어떤 과정을 거쳐서 인류의 삶에 기여하게 되었는지를 알 수 있어. 과학 기술의 역사를 통해서 미래의 과학에 대한 통찰을 얻는 거지. 그런 과정이 없이 미래에만 초점을 맞춘다면 현재의 삶에 필요한 소중한 것들을 잃을 수도 있어.

모든 과학 기술이 인류 전체의 행복을 위해 발전하는 건 아냐. 예를 들어 인간의 뇌에 컴퓨터 칩을 이식했다는 소식을 접했다면, 단순히 그 과학 기술뿐만 아니라 그 배경에 대해서도 생각해 보아야 해. 이런 기술로 혜택을 받는 사람은 누구일까, 이런 기술로 돈을 버는 사람은 누구일까, 반대로 소외되는 사람들은 누구일까, 앞으로는 어떤 기술이 부상할 것인가 등등.

그리고 '미래는 어떠한 모습일까?'라는 질문보다 중요한 것은 '우

리가 원하는 미래는 어떤 모습인가?'라고 생각해. 그러니까 '미래의 인간은 어떻게 될까요?'라는 질문에 나는 '미래의 인간은 어떤 인간이었으면 좋겠니?' 하고 반문하고 싶어.

 평범한 사람들의 일상을 위한 미래는 어떤 모습이어야 할까? 우리가 원하는, 혹은 원치 않는 미래는 무엇일까? 이런 것을 같이 상상하고 같이 이야기 나누는 것이 중요해. 결국 우리가 살아가는 현재가 미래를 만들게 될 테니까 말이야.

서울대 교수와 함께하는
10대를 위한 교양 수업

7 홍성욱 교수님이 들려주는 과학기술학 이야기

글 | 홍성욱, 박여운 그림 | 신병근

1판 1쇄 인쇄 | 2024년 2월 28일
1판 1쇄 발행 | 2024년 3월 12일

펴낸이 | 김영곤
이사 | 은지영
논픽션1팀장 | 류지상 **기획개발** | 권유정 **책임편집** | 윤은주
아동마케팅영업본부장 | 변유경
아동마케팅1팀 | 김영남 정성은 손용우 최윤아 송혜수 **아동마케팅2팀** | 황혜선 이규림 이해림 이주은
아동영업팀 | 강경남 김규희 양슬기 **e-커머스팀** | 장철용 전연우 황성진
디자인 | 디자인이팝 **제작** | 이영민 권경민

펴낸곳 | ㈜북이십일 아울북
출판등록 | 2000년 5월 6일 제406-2003-061호
주소 | (10881) 경기도 파주시 회동길 201 (문발동)
전화 | 031-955-2417(기획개발) 031-955-2100(마케팅·영업·독자문의)
브랜드 사업 문의 | license21@book21.co.kr
팩스 | 031-955-2177 **홈페이지** | www.book21.com

© 홍성욱, 2024

이 책을 무단 복사·복제·전재하는 것은 저작권법에 저촉됩니다.

ISBN | 979-11-7117-473-7 (74000)
ISBN | 978-89-509-9137-1 (세트)

* 잘못 만들어진 책은 구입하신 서점에서 교환해 드립니다.
* 가격은 책 뒤표지에 있습니다.

⚠ **주의** 1. 책 모서리가 날카로워 다칠 수 있으니 사람을 향해 던지거나 떨어뜨리지 마십시오.
        2. 보관 시 직사광선이나 습기 찬 곳을 피해 주십시오.

- **제조자명**: ㈜북이십일
- **주소 및 전화번호**: 경기도 파주시 회동길 201(문발동)/031-955-2100
- **제조연월**: 2024.3.12.
- **제조국명**: 대한민국
- **사용연령**: 3세 이상 어린이 제품

- **일러두기** 맞춤법과 띄어쓰기는 《표준국어대사전》을 기준으로 삼았고, 외국의 인명, 지명 등은 국립국어원의 '외래어 표기법'을 따랐습니다.

- **사진 출처** 22쪽: 영화 〈메트로폴리스〉 포스터_@Wikipedia 44쪽: 『프랑켄슈타인』 개정판에 실린 그림_@Wikipedia
  50쪽: 『걸리버 여행기』 원작 삽화_@Wikipedia 115쪽: 라몬 이 카할이 그린 뇌 신경 세포와 생쥐의 신경 세포_@Wikipedia
  139쪽: 아이작 아시모프의 단편 소설 『런어라운드』가 실린 단행본 표지_@Wikipedia